LES

Sculpteurs français
contemporains

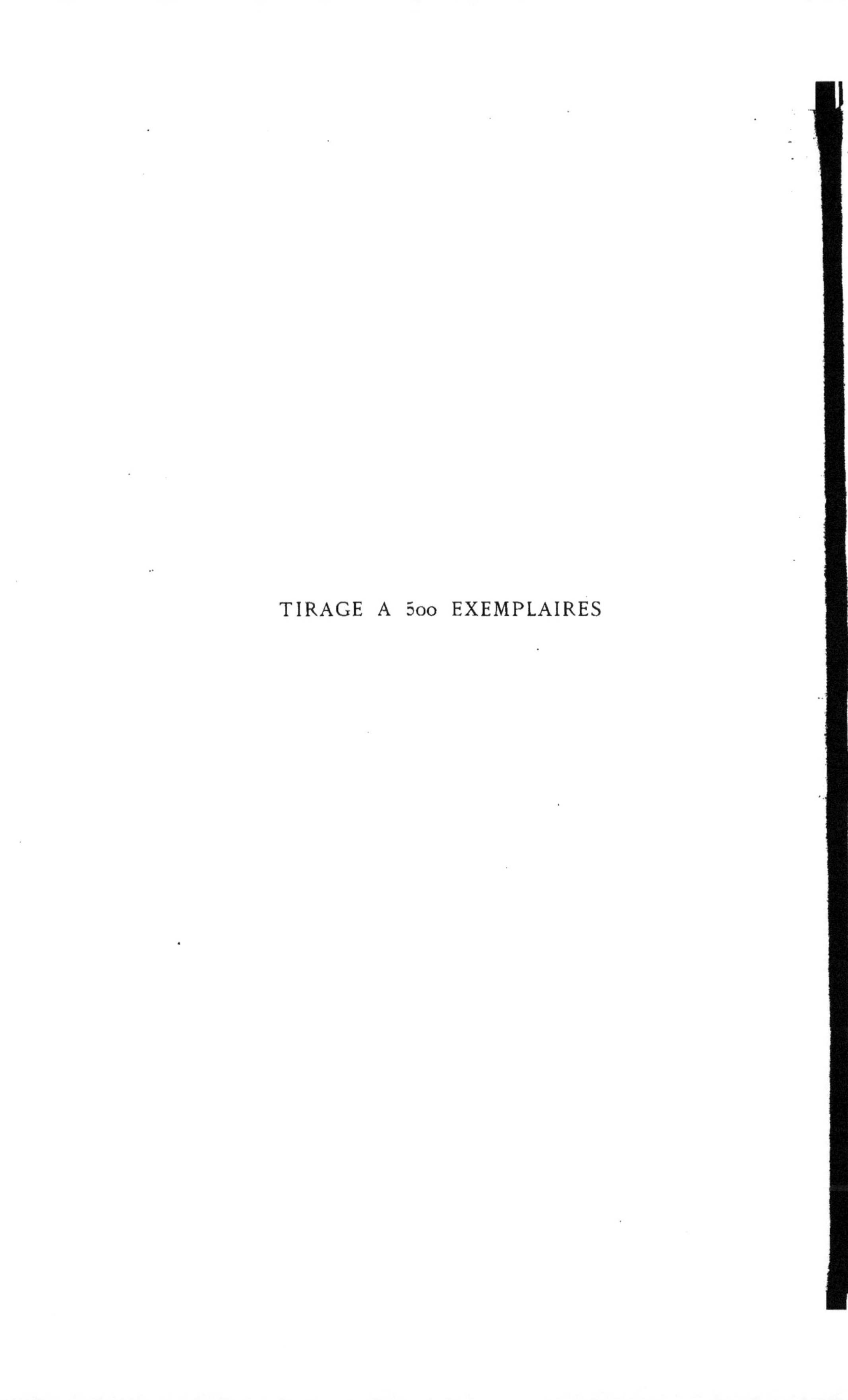

TIRAGE A 500 EXEMPLAIRES

BIBLIOTHÈQUE DES PEINTRES ET DES DÉCORATEURS
(TIRAGE A 500 EXEMPLAIRES NUMÉROTÉS)

LES Sculpteurs français contemporains

RECUEIL DE 104 ŒUVRES CHOISIES

PRÉCÉDÉ D'UNE INTRODUCTION

PAR

LÉONCE BÉNÉDITE
CONSERVATEUR DU MUSÉE NATIONAL DU LUXEMBOURG

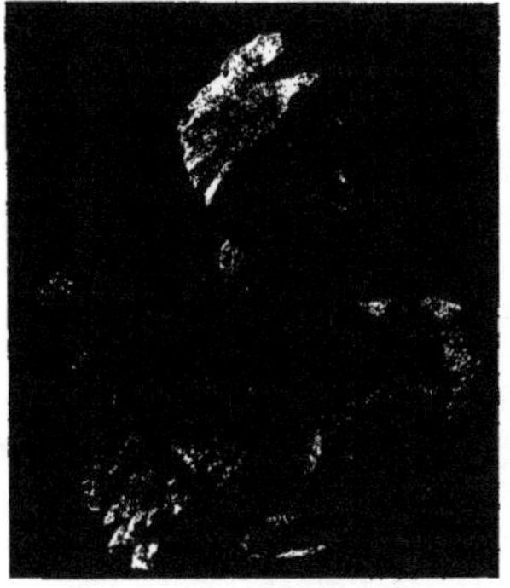

PARIS
LIBRAIRIE RENOUARD
HENRI LAURENS, ÉDITEUR
6, RUE DE TOURNON, 6

INTRODUCTION

On a cru voir dans la sculpture un art éminemment français, en ce sens que c'est un art de mesure, de réflexion, de logique, d'ordre, de choix, qui, pour ces motifs, semble correspondre plus spécialement au caractère intellectuel de notre race. Ici l'imagination, l'invention, toutes qualités dans lesquelles ont pu briller supérieurement d'autres écoles, n'occupent qu'une place restreinte. Ce qui convient, avant tout, c'est une sorte de raison, exaltée, lumineuse, mais toujours consciente et pondérée: le jugement et le goût.

Quoi qu'on ait pu dire et qu'on puisse dire encore sur ce point, l'histoire de cet art établit qu'à toutes les époques, en France, il a particulièrement brillé d'un vif éclat. Pour rester dans les périodes qui nous précèdent, les beaux ensembles si complets que nous ont laissés le XVIIe et le XVIIIe siècles font toujours l'admiration du monde et la gloire de notre École.

Les circonstances exceptionnelles qui ont favorisé ce magnifique développement ont pu disparaître, il n'en est pas moins resté une vigoureuse tradition sur laquelle se sont solidement appuyées les générations du siècle suivant.

Aussi, bien qu'au XIXe siècle, la sculpture n'ait pas été appelée au grand rôle décoratif qui fit antérieurement sa splendeur et sa force, elle n'en a pas moins occupé, dans le groupe des arts plastiques, un rang que beaucoup de juges estiment être le premier.

Peu importe, d'ailleurs, ces questions de palmes et de couronnes. Ce qu'il nous appartient de dire c'est que si, dans ce temps où l'univers nous est apparu tout autre sous tant d'aspects jadis ignorés ou méconnus, la peinture nous a offert l'incomparable spectacle de luttes épiques et grandioses pour s'affranchir de la tutelle despotique du passé et parvenir enfin, soit à traduire les formes extérieures de notre vie, soit à exprimer les aspirations intimes de notre âme, la sculpture, loin d'abdiquer le rôle imposé par sa tradition, semble en avoir pris une conception encore plus haute et n'a pas failli à l'idéal supérieur qui, dans les anciens âges, en faisait un art divin.

Sans doute, à cette heure, si nous considérons l'ensemble de notre école de sculpture, ressentons-nous parfois l'impression troublante d'un contraste assez singulier. Pénétrons-nous dans nos musées, nous sommes frappés devant ce peuple de marbres, par ses qualités de tenue, de noblesse, de style, son sentiment profond du beau, son intelligence élevée de la vie, sa soumission aux nécessités de la matière, son obéissance aux lois impérieuses d'un art supérieur, mais étroit et exigeant. Il y a là un choix d'œuvres déjà classiques, universellement connues, aimées et admirées, reproduites même dans les principaux musées d'Europe et d'Amérique. Les noms illustres qui ont signé tous ces chefs-d'œuvres ont porté par le monde entier, comme ils la porteront dans l'avenir, la gloire de notre école. C'est un épanouissement merveilleux digne des plus beaux temps de notre histoire.

Par contre, sommes-nous assis dans le grand hall d'une de nos expositions annuelles ou, plus simplement, parcourons-nous, en étranger qui visite la ville, nos places et nos carrefours, nous sommes ahuris par le spectacle qui, de toutes parts s'offre à nos yeux. Dans quel monde incohérent et agité sommes-nous descendus ? Est-ce à la Salpêtrière ou à Bicêtre ? Rien de calme, rien de posé, rien d'assis ; tout ce monde est en mouvement perpétuel, comme dans une danse de Saint-Guy générale. Et quels personnages ! tous les temps et tous les pays se coudoient, tous les drames et toutes les comédies ; le passé et le présent, le rêve et la réalité, l'histoire et la littérature, la politique et la fantaisie. Toutes les inspirations se donnent librement carrière dans un tohu-bohu déconcertant. Ici plus de sérénité ni de calme, plus de mesure ni de repos. La sculpture paraît ne plus se soucier de l'ordre, du rythme, de la beauté, mais ne se préoccuper que de l'expression et du mouvement, de la passion et de la vie, du caractère et du pittoresque.

Comment expliquer, dans notre école de sculpture, ce contraste entre cette élite composée de maîtres de premier ordre qui ont justifié sa réputation et consacré les préjugés favorables du public envers cet art, et d'autre part cette longue suite d'artistes courageux, laborieux, pleins de talent — d'un talent qu'on admire, hélas ! et qui navre aussi tant il est souvent mal employé — mais qui hésitent, qui tâtonnent, qui bégaient, retenus d'un côté par le passé dont ils ne peuvent s'affranchir, tentés d'un autre par le désir de trouver des formes neuves, des expressions plus vives, provoqués par la littérature, débauchés par la peinture, sollicités par la vie moderne qui leur offre des thèmes nouveaux à développer avec les éléments usés d'autrefois !

Cette incohérence des idées, ce tumulte et ce dévergondage des formes sont-ils donc imputables seulement aux artistes ? N'est-ce pas aussi la faute de l'art ou du moins de la compréhension traditionnelle de la statuaire, si les artistes sont pris dans cet impasse d'un art à côté de leur vie, de leur temps, de leurs pensées, de leurs besoins, d'un art tout de convention et de dilettantisme inutile ?

C'est que la sculpture contemporaine, comme toutes les autres manifestations de la pensée, traverse à son tour un état de crise aiguë.

Tout son passé, jusqu'à cette heure, se rattache au grand mouvement d'invasion italienne qui, au XVIe siècle, devait imprimer à l'art français une direction qu'il subit pendant le cours de trois siècles et demi. C'est-à-dire qu'il a surtout un but décoratif, un rôle allégorique, un caractère de dilettantisme savant ou raffiné, et, si l'on veut pousser plus haut dans la pensée de ses maîtres, un souci esthétique tout à fait exclusif de la mélodie des lignes, du rythme des contours et des plans, aboutissant à une sorte de culte anthropomorphique des formes nues.

C'est un art qui ne se repaît plus guère que des prétextes vains d'une mythologie oubliée, sans autre signification que son caractère allégorique bien usé et bien rebattu, sortes d'amusements ingénieux qui servirent surtout de moyens faciles aux adulations délicates ou aux courtisaneries serviles.

Cet art, sans doute, avait subi les vicissitudes du développement social de la nation; il convenait à une société tout aristocratique, puissamment centralisée ; il formait proprement un art de classe, un art de cour, exclusivement attaché à satisfaire le plaisir, la gloire ou la vanité d'un souverain et de ceux qui l'entouraient immédiatement. Mais il ne correspondait plus, comme c'était le cas dans toutes les périodes antérieures du passé, à l'esprit de cette grande famille humaine qui s'appelle un peuple.

Que pouvaient, en effet, signifier à des foules chrétiennes et septentrionales, et que nous font encore aujourd'hui, à nous-mêmes, si paganisés que nous soyons, toutes ces divinités de l'Olympe ressassées depuis quatre cents ans sans modification : Vénus, Diane, Artémis, Galathée, Hébé, Cérès, Ariane, Léda, Ganymède, Chloé, Psyché, Narcisse, Apollon, Mercure, Daphné, Orphée, la Nymphe Echo, les Dieux et les héros, les tritons et les naïades, les dryades et les faunes, mêlés de loin en loin de quelques Judiths et de quelques Salomés qui, depuis plus de deux mille ans que ces noms ne sont plus que des mots, encombrent à cette heure nos salons, nos musées, nos palais, nos jardins, prétextes canoniquement imposés à perpétuité pour représenter un homme ou une femme nus et justifier l'emploi d'un mauvais geste appris, répété à satiété, suivant le caractère convenu du personnage ?

Déjà, pourtant, au XVIIe siècle, de premières inquiétudes font tressailir les bosquets consacrés aux Dieux et les charmilles taillées de Versailles, au souffle de cette grande figure encore solitaire de Puget, qui tente de remuer le marbre de toutes les passions de l'humanité.

Au siècle suivant, Falconet, Pigalle, Houdon revendiquent, à leur tour, le droit de faire exprimer par la statuaire, la passion et la vie, le mouvement et la couleur, en puisant dans le fonds dédaigné des fortes réalités.

Avec le XIXe siècle, tandis que la doctrine de David, toute sculpturale, s'imposait à la peinture, la statuaire ne pouvait manquer de suivre rigoureusement les principes de cette étroite pédagogie. Pourtant déjà, en face de Gros qui, chez les peintres, dans l'atelier même de David, jetait les germes du romantisme, se levait, parmi les sculpteurs, une haute personnalité, un peu fruste, indépendante, élevée à l'abri des académies, qui, simplement, sans prétentions de novateur, sans profession de foi révolutionnaire, par l'effet d'un tempérament plébéien, sain et robuste, secoue toutes les torpeurs et les conventions et anime le marbre et le bronze d'un sentiment si intense, d'un souffle si puissant, qu'il atteignit du coup la forme d'un grand art fortement expressif, d'un art épique et populaire.

Est-il besoin d'insister sur le nom de RUDE et sur le haut-relief de la *Marseillaise* ?

Rude laissait des héritiers qui devaient reprendre avec vaillance son maillet et son ébauchoir.

Parvenue vers le milieu du siècle, la sculpture française paraissait donc se développer dans une double voie parallèle : d'une part, la continuation régulière de la tradition classique qui formait le plus large courant ; de l'autre, l'évolution nouvelle qui tentait de faire descendre la statuaire de son Olympe défraîchi pour la conduire jusque dans la vie et dans les formes de son temps ; flot très resserré, très mince encore, mais déjà tumultueux, qui s'élargira un peu plus tard et se répandra dans tous les sens.

A ce moment le conflit entre ces deux conceptions de l'art ne paraissait pas, assurément, très grave. C'est que, parmi les disciples de l'école traditionnelle, s'étaient trouvés un certain nombre d'artistes qui avaient eu le génie de rajeunir la tradition par un dilettantisme savant, enthousiaste et réfléchi, par un retour au passé, mais au passé des vrais maîtres, soit des anciens, soit de ces premiers Florentins qui avaient si bien senti le charme musical des successions de plans et des combinaisons de lignes, mais qui étaient aussi ardemment épris de la nature et de la vie que de la beauté.

C'était le moment où, pour la peinture, à la suite des grandes luttes héroïques qui la divisèrent, dans l'apaisement et l'épuisement de l'école, protestaient, chacun de leur côté, contre l'éclectisme sceptique et indifférent de ceux qui prétendaient la diriger, ces deux beaux groupes de réalistes ou d'idéalistes qui, soit dans le domaine de la vie, soit dans le vaste champ du rêve, renouvelaient la conscience artistique de leur temps et préparaient l'évolution de l'avenir.

Près de ces nobles idéalistes qui, dans un commerce incessant avec les grands primitifs de Florence ou de Venise, avaient si profondément compris le sens de la beauté humaine et avaient su lui donner un caractère expressif approprié à la physionomie de leur temps, à côté de Delaunay, de Ricard, de Gustave Moreau, de Puvis de Chavannes, de Fromentin, de Hébert ou de Henner, etc., vivaient dans la même intimité avec les maîtres, sous le même ciel fortuné qui vit éclore tant de chefs-d'œuvre, toute cette pléiade de sculpteurs dont on salue quotidiennement les créations immortelles dans notre musée national du Luxembourg.

C'étaient Guillaume et Paul Dubois, Chapu et Mercié, Allar et Barrias, Delaplanche et Degeorge, que suivirent ensuite, continuant cette magnifique éclosion sans en interrompre l'éclat, de nouvelles générations : Coutan et Lanson, Idrac et Hiolle, Marqueste et Longepied, et, plus jeunes ou plus vieux, tant d'autres encore, aussi savants ou aussi émus.

Et c'était aussi cet étrange et si vivant génie de Falguière, tout d'instinct et de spontanéité, méridional et sensitif, tantôt d'un sensualisme tout païen, tantôt d'une pureté toute mystique, à la fois audacieux et ingénu, élève de Rome et membre de l'Académie, mais qui, par ses goûts et ses sympathies artistiques, fut mêlé aux milieux plus indépendants et apparaît comme une sorte de lien entre les tendances des groupes opposés.

Quels plus beaux noms prononcer que ceux de tous ces nobles artistes dont les œuvres ont rendu notre art illustre à travers le monde et ont entretenu, dans le cours des vicissitudes de nos époques troublées, le culte pur de la beauté !

Ils ont créé une école incomparable, saine et vivace, fière et élégante, savante et variée, et surtout, par-dessus toutes ces qualités de science, de grandeur, de jeunesse et de charme, aussi fortement disciplinée que dans les plus beaux temps de l'histoire. Ils ont, pendant plusieurs générations, entretenu un ardent foyer qui a répandu son rayonnement salutaire sur toutes les manifestations de l'art.

Mais cet art, pourtant, était toujours un art sculptural tel que l'avaient compris les grands artistes de la Renaissance, sublimes et rares dilettantes, un art désintéressé, détaché de toutes les contingences de la vie, un art à côté de la vie, sorte d'incarnation pure d'un rêve de beauté idéale.

C'était donc un art savant destiné à une élite, créé pour quelques-uns, bien qu'il fût respecté de tous, qui n'était pas à la portée de tous les esprits et ne répondait qu'imparfaitement aux grandes aspirations générales.

Nous ne pouvons plus, évidemment, prétendre, comme autrefois, à ce que l'art soit exactement considéré comme un langage universel, grand lien unique entre tous les hommes d'une époque ou d'une nation. Les temps sont loin, où la pensée n'avait d'autre moyen d'expression que la peinture et surtout que la sculpture, pour traduire extérieurement les rêves plus ou moins confus de l'âme populaire. Depuis longtemps l'image a abandonné ce rôle au livre. Cependant naissaient des aspects nouveaux, des sentiments nouveaux, des sociétés tout autres, et la sculpture, barricadée éternellement dans son Olympe étroit, risquait de ne plus être bien comprise et de laisser le public indifférent.

Pendant longtemps, il est vrai, la peinture avait seule suffi à la mission de renseigner et d'enseigner les intelligences par les yeux, et comme elle venait, dans ce siècle, d'étendre triomphalement le champ d'action du rêve humain, lui ouvrant toutes les profondeurs obscures du passé, tout le domaine du sentiment et de la passion, offrant à ses ardentes contemplations les horizons les plus vastes, lui permettant d'explorer entièrement la Nature et l'Homme dans l'espace et dans le temps, la pensée contemporaine, satisfaite, ne pensait pas encore à réclamer de la statuaire qu'elle renonçât à cette fréquentation un peu prolongée avec les divinités de la Fable.

Aussi le romantisme eut-il peu d'échos dans la statuaire. Les noms de Clésinger et d'Antonin Moine, et surtout ceux de Préault et de Maindron, connus par deux œuvres célèbres près de la jeunesse du quatier latin (la *Clémence Isaure* et la *Velléda* du Luxembourg), n'ont guère dépassé les bórnes d'une popularité très limitée.

Une seule grande et admirable exception à signaler à ce moment, qui n'acquit même toute son importance vis-à-vis des contemporains que beaucoup plus tard : Barye. Barye, qui poursuivait la grande tradition expressive de Rude et qui, d'un genre presque exclusivement décoratif avant lui, créa une forme d'art nouvelle, cultivée aujourd'hui par toute une phalange de beaux et savants artistes : la *sculpture d'animaux*, seul regard jusqu'à ce jour, que la statuaire eût osé jeter sur la nature extérieure à l'homme.

Près de Barye, pourtant, et de ses fauves rugissants et de ses centaures farouches, se dressait une autre figure isolée, beaucoup plus jeune, venue de Rude, et qui constitua, à son tour, une de ces grandes exceptions dans son temps, comme Puget dans le sien. Je veux parler de Carpeaux. Je viens de nommer Puget, je pourrais redire ici les noms de Falconet, de Pigalle et de Houdon, pour rappeler ce mouvement ininterrompu de révolte lente et sourde qui tente de briser le moule étroit des conventions scolaires, qui cherche à réveiller la sculpture, à la faire sortir de ses habitudes d'expression contenue, de signification réservée, de ce masque de bonne compagnie qu'elle n'osait dépouiller sans déchoir. Carpeaux, avec le même sentiment populaire que son maître Rude, veut donner une âme plus vivante, plus ardente à la statuaire et il ne craint pas, même, d'aller demander à Dante le secret de remuer l'âme par un sentiment, certes, inusité dans cet art : l'horreur.

Dans la génération suivante ces grands semeurs purent voir lever leur moisson. Les élèves de Carpeaux, les élèves de Rude, instruits d'ailleurs, la plupart, dans un petit milieu pédagogique tout particulier qui avait formé les peintres indépendants de l'école réaliste, je veux désigner la petite école de dessin de la rue de l'École-de-Médecine où professa tant d'années Lecoq de Boisbaudran, constituèrent le noyau d'un groupe assez distinct qui s'accrut tous les jours. C'était Frémiet, c'étaient Just Becquet, Christophe, Aubé, Legros, peintre et sculpteur, Dalou et Rodin, auxquels se joindront des transfuges de toutes sortes, tels que Injalbert, sorti de Rome, et, plus jeunes, Bartholomé, qui avait débuté comme peintre, Desbois, Dampt, Mme Marie Cazin, Alexandre Charpentier, etc., ou des étrangers, proches parents, d'ailleurs, tels que le Belge Constantin Meunier ou l'Américain Saint-Gaudens qui, soit dans les mythes, la légende ou l'histoire, soit dans les créations des poètes, ou simplement même dans les éléments de notre propre existence, s'attachaient à traduire l'idéal de notre temps, sous le revêtement de ses aspects extérieurs et surtout dans ses plus intimes commotions, à travers les grands orgueils, les vastes espoirs et les profonds tourments de la pensée contemporaine.

Les temps, d'ailleurs, avaient marché. Les influences du dehors ne pouvaient manquer de pénétrer de plus en plus la statuaire qui voyait autour d'elle la littérature et la peinture si entièrement bouleversées.

Avec la forme du gouvernement, les caractères sociaux de notre pays s'étaient modifiés ; un courant démocratique très large et très puissant secouait fortement l'opinion, jusque dans les milieux les plus attachés aux souvenirs du passé, au point que la résolution des grandes questions qui intéressent l'existence du prolétariat sert aujourd'hui de programme ou de boniment aux ambitions de tous les partis. Sous le coup de mouvements politiques ou de crises économiques, ces troublants et graves problèmes sont même devenus l'auguste souci de toutes les nations du monde. L'art n'est jamais et ne peut être vraiment que le miroir des sociétés puisque, jusque à travers ses errements les plus fâcheux, il en traduit toujours l'image. Le roman, le théâtre, la peinture avaient exalté de toute façon ce facteur nouveau des temps modernes : le Travail. Jalouse de la peinture qui, depuis Courbet et Millet, en avait entrepris la glorification à travers les deux grandes figures typiques du Paysan et de l'Ouvrier, la statuaire chercha dans cette voie inexplorée des inspirations nouvelles.

Elle était en même temps appelée, par les besoins mêmes de notre société démocratique, à un rôle presque inédit de commémoration des grands souvenirs et de consécration des hommes illustres ou utiles.

La sculpture prend donc dans cette direction toute moderne une physionomie assez inattendue dont l'expression la plus haute est donnée chez nous par trois artistes : Dalou, Rodin et Bartholomé.

On ne peut manquer de leur joindre soit le sculpteur américain Augustin Saint-Gaudens, à demi français, non point seulement par ses origines, mais par toute son éducation formée à notre école, dont les monuments commémoratifs, ou les grandes tablettes funéraires murales font parler avec tant d'éloquence et tant d'énergie tous les propres éléments de modernité de ces sujets ; soit surtout le statuaire belge Constantin Meunier. Car, sous diverses influences dont la plus sensibe est celle de J.-F. Millet, le caractère démocratique et social de notre temps a été traduit d'une manière particulièrement significative par ce dernier maître qui prépare, à cette heure, le couronnement de son œuvre, entièrement consacrée aux gestes, aux actes, aux tragédies de tous les êtres résignés ou révoltés, qui peinent pour assurer le fonctionnement du vaste organisme compliqué de la vie moderne; je veux parler du monument colossal au *Travail* dont les fragments ont déjà paru à nos expositions. Ses mineurs, ses puddleurs, ses débardeurs, ses marteleurs, ses souffleurs de verre, ses laboureurs, ses forgerons, toute cette figuration empruntée au monde des usines, des ports, desmines et de la glèbe, a produit chez nous une profonde sensation dont les échos se sont répercutés jusque dans les milieux scolaires.

Mais, dans notre propre école, Dalou, avec un sens plus général, a voulu créer un art qui fût l'expression magnifique des inquiétudes, des rêves, des espoirs de notre société démocratique. Il reste, si l'on peut dire, jusqu'à, un certain point dans la grande tradition française et monumentale du temps de Louis XIV, tradition d'exaltation triomphale, de pompe, de grandeur, mais il l'applique avec un sentiment plus grave et plus simple, plus robuste et plus austère, à la gloire d'une nouvelle souveraineté : le Peuple.

Tout en persistant dans certaines données habituelles de la statuaire, mais en lui infusant plus de force, de puissance expressive et de vraie grandeur par l'étude attentive de la vie et par une technique savante et sobre, il a eu l'ambition de créer un art qui ne fût pas un art de placage, un art à côté de la vie, à laquelle il demeure étranger et indifférent, mais un art qui fût né de la vie même, issu des besoins de la société, forme imagée de son caractère, langage éloquent qui traduise, en une forte synthèse, sa nature, son esprit, ses tendances, enfin toute son idiosyncrasie morale.

Tout autre, certes, est Rodin. Celui-ci se dégage tout à fait des contingences du sujet. Même lorsqu'il emprunte ses motifs à l'histoire et à la légende ou qu'il tente la glorification des grands hommes, devant *Ève* ou *Saint-Jean-Baptiste*, l'*Age d'Airain* ou les *Bourgeois de Calais*, *Victor Hugo* ou *Balzac*, il s'éloigne volontiers des particularités consacrées ou de la personnalité déterminée de ses figurations pour traduire en elles toute l'humanité intérieure, exprimée par les palpitations de la chair. Lui aussi, comme Carpeaux, il remonte jusqu'à Dante pour forcer avec ce guide les portes de l'enfer et pénétrer les mystères les plus troublants de l'âme humaine. Les tourments et les angoisses, les frissons et les épouvantes, les désirs et les étreintes, les luxures, les baisers, cette soif toujours inapaisée qui tente « l'impossible union des âmes par les corps » font de l'œuvre de Rodin un grand cycle passionnel d'une volupté poignante et triste, d'une âpre et hautaine mélancolie.

Tout l'effort suscité dans le passé pour ranimer l'art par la vie, pour exprimer d'autres aspects de l'âme, ce que Puget, Falconet, Pigalle, Houdon eurent l'ambition de réaliser par l'observation attentive de la nature animée et l'inoculation d'une ardeur plus passionnée, ce que Rude, Barye et Carpeaux essayèrent à leur tour, ces maîtres ont voulu le reprendre, mais moins instinctivement, avec une volonté plus consciente et plus résolue. Ils voulaient puiser à la source de vie, à la nature, si féconde et si inépuisable, à laquelle tous les arts ont, pour ainsi dire, à peine touché et en même temps rompre avec nos traditions de dilettantisme vain et inutile pour créer, sinon un art populaire, du moins un art expressif, dégagé des formules convenues de la pédagogie scolaire, qui pût réfléchir de plus près toute la pensée contemporaine.

Est-ce rencontre fortuite, fatalité ou providence ? il se leva sur ce chemin, parallèlement à cet effort, la voix la plus éloquente de l'apôtre le plus convaincu qui pût répandre ce verbe nouveau. Je veux parler de Louis Courajod, le fondateur du musée français du moyen âge, le vaillant et hardi professeur de l'Ecole du Louvre. Avec une clairvoyance assez peu commune, ce maître maudissait du haut de sa chaire tous ces grands envahisseurs italiens du XVIe siècle qui nous avaient appris le « beau geste », les attitudes hanchées, le goût des amusements allégoriques, maîtres à perpétuité de notre imagination et de nos moyens, contre lesquels protestaient, chacun de leur côté, avec une égale énergie, Puvis de Chavannes et Rodin.

Apparaît alors un nouveau terme particulier de ce retour à nos anciennes traditions ethniques : le sculpteur Bartholomé. Après avoir débuté dans la peinture, celui-ci fut entraîné vers la statuaire par le désir de réaliser un monument funéraire qui consacrât un cher souvenir. De ce travail, exclusivement intime, exécuté sans aucune préoccupation de succès ni aucune habitude d'école, naquit la conception d'une grande œuvre générale, expressive et humaine, qui parlât hautement au cœur des foules. C'est ainsi qu'il fut amené à accomplir son *Monument aux morts*. Il s'était dirigé sans guide, mais il était, par instinct, remonté de lui-même jusqu'à la vieille tradition chrétienne qui dressait les calvaires au flanc des églises et les pierres tumulaires le long des nefs. Il y recueillit, de son côté, la clarté nouvelle qui devait animer la pierre blonde de son vaste haut-relief et en faire une des formes les plus populaires et les plus expressives de l'art contemporain.

Depuis ce temps le conflit s'est accentué entre les deux courants qui, se disputent le lit du fleuve, entre les deux traditions qui se partagent l'inspiration de la sculpture.

Toutes deux se réclament de notre passé historique. L'une qui depuis environ quatre cents ans, tient notre art sous sa discipline, se qualifie officiellement du titre de tradition française, usurpation prescrite, d'ailleurs, par de nombreux chefs-d'œuvre. C'est la tradition classique de la Renaissance, la tradition latine et hellénique à laquelle, depuis Jean Goujon, notre pays doit tous les maîtres qui ont fait sa suprématie artistique. L'autre est un retour, après quatre siècles de résignation et de silence, de la vieille tradition réellement française qui a causé le splendide épanouissement du XIe et du XIIe siècles, la tradition flamande et bourguignonne, vaincue au XVe siècle par l'art italien, à laquelle nous devons tout un passé de gloire que nous venons d'exhumer hier.

La première est la tradition méridionale et païenne qui s'est faite l'organisatrice des apothéoses, la gardienne vigilante de l'idée du Beau continuellement épurée et rajeunie ; c'est un art d'équilibre, de raison et de clarté qui veut subsister à travers les temps au-dessus de la changeante humanité. La seconde, c'est la tradition septentrionale, chrétienne et naturaliste qui se révolte contre les canons étroits de la pédagogie antique, ouvre la porte toute grande à l'imagination, à la pensée et à l'infini du rêve ; c'est un art essentiellement humain et mobile, vivant, sentant et souffrant, qui veut s'adresser à tout le monde, prendre sa part dans l'héritage intellectuel et moral de l'humanité, la suivre en se renouvelant dans ses évolutions perpétuelles.

Mais ce conflit, loin d'épuiser notre école, est destiné à la réveiller, à la revivifier, à la féconder, à lui assurer un constant équilibre. Sans doute, aujourd'hui et pendant bien des années encore, aurons-nous à souffrir de toutes ces inquiétudes et de toutes ces agitations, de toutes ces contradictions et de toutes ces équivoques, enfin de tous ces compromis perpétuels entre des impatiences irréfléchies et des préjugés routiniers.

C'est que, vraiment, la statuaire éprouve des difficultés très ardues à traduire plastiquement, d'une manière à la fois fidèle et expressive, tant d'aspects, inaccoutumés à ses yeux, de notre vie contemporaine qui ne prêtent guère, au premier abord, à l'apothéose du bronze ou du marbre.

Puisque, en effet, la peinture qui dispose d'un langage si varié, de moyen si expressifs, dont le but principal est l'illusion ; puisque la peinture, plus fortunée, à qui appartiennent le passé et le présent, la vie et le rêve, l'homme et la nature, l'espace et le temps, qui dans un champ exigu, grâce aux sortilèges de la couleur et à la magie de la lumière, est capable de tout exprimer ; puisque la peinture si souple, si riche, si assimilable à toutes les formes de civilisation, a lutté elle-même longuement, péniblement, héroïquement, pour conquérir chacune de ses libertés et parvenir à traduire, non point seulement le rêve intérieur de notre âme contemporaine, mais les simples apparence de notre temps, comment la sculpture, cet art si étroit, si borné, qui ne dispose que de quelques termes, singulièrement puissants et éloquents, il est vrai, mais monotones et limités, comment la sculpture qui ne peut avoir recours qu'aux formes animées, en nombre restreint, sans le lien qui les relie entre elles de leur décor naturel, qui ne peut les exprimer que par le moyen du relief et des jeux de la lumière sur une matière uniforme, comment parviendra-t-elle, de son côté, à résoudre les problèmes complexes et indéchiffrables que nous lui posons ?

Toute la crise de la sculpture est là.

De ces préoccupations inconscientes ou réfléchies sont déjà nées, pourtant, autour des œuvres les plus significatives des maîtres, des modes d'interprétation plus variés, rajeunissant les formes accoutumées ou, mieux encore, créant des genres pour ainsi dire inédits qui ont étendu le domaine de la statuaire, multiplié les sources de son inspiration, l'ont, enfin, rapprochée de nos besoins intellectuels et moraux.

Et non seulement les conceptions se sont renouvelées et étendues, mais aussi les procédés et les matières : marbres ou métaux, bois ou ivoires avec l'adjonction de toutes les préciosités de l'orfèvrerie et de la joaillerie. Et désormais il semble que la sculpture, enrichie d'idées neuves, de moyens d'expression plus éloquents et plus divers, mise à la portée de tous les esprits et de tous les milieux, n'ait plus rien à envier aux autres manifestations figurées de la pensée.

Ce dont elle aura peut-être à se défier c'est justement de sa variété et de sa richesse, de son voisinage ou de sa collaboration avec d'autres arts. Il faut, certes, qu'elle évite les redites surannées des pédagogies d'école, mais aussi qu'elle fuie les excès d'indépendance qui la conduiraient à un autre genre de servitude.

Car, s'il est des dogmes et des canons que rien n'interdit de violer parce qu'ils appartiennent à des religions mortes, il est, au-dessus de ces règles pusillanimes et de ces conventions timorées des lois supérieures, inéluctables : conditions de l'art, nécessités de la matière, logique de l'esprit humain, que nul ne peut en vain méconnaître.

Il faut surtout que l'artiste se dise que le but de sa carrière n'est pas de produire à perpétuité des « morceaux de réception » à l'Académie. Une mission plus haute est dévolue à son activité. Il ne doit point oublier que, par la nature de sa matière, qui nous donne l'illusion de la durée, par son passé et sa tradition qui l'avaient vouée jadis au culte des héros et des dieux, par l'austérité de son langage synthétique et jusque par sa présentation solennelle sur nos monuments et au milieu de nos carrefours, la statuaire prend à nos yeux un caractère d'éternité. Il faut qu'il dédaigne les vérités relatives, les images passagères, tout ce qui est trop particulier et local, mais il faut néanmoins qu'il renonce au vieux répertoire de sujets usés et rebattus, au vocabulaire étroit et mesquin de gestes connus et ressassés, qu'il sorte enfin de l'atmosphère raréfiée de l'atelier pour se mouvoir au soleil du dehors, dans la vie qui agit et qui pense.

C'est là l'intarissable fontaine de rajeunissement éternel.

A ce flot vivifiant et régénérateur il faut puiser et puiser sans cesse, si l'on veut faire jaillir de l'argile des œuvres belles et émouvantes qui soient pour les contemporains l'expression la plus haute de leur propre vie et demeurent pour tous les temps une source de joies profondes et d'inoubliables enseignements.

POST-SCRIPTUM

Ce recueil n'a pas la prétention de donner une image rigoureusement complète de toutes les formes si multiples et si variées qu'a prises le magnifique développement de la sculpture contemporaine. Il n'eût pu suffire à lui seul à cette mission. Il a surtout tenté de réunir la représentation des principaux morceaux de Musée, ceux que les artistes d'autrefois eussent appelés leurs « chefs-d'œuvre ». Par ce moyen, il offre encore un tableau assez fidèle de l'histoire de cet art au XIXe siècle et surtout dans la deuxième partie qui nous appartient plus spécialement.

Si quelques grands noms y paraissent insuffisamment représentés, si d'autres, plus jeunes, n'y ont pas encore leur place, c'est que nous nous sommes réservé de les faire figurer plus amplement ou de les faire connaître, à l'occasion d'autres séries correspondant aux divers courants qu'a suivis l'inspiration de la statuaire.

C'est ainsi que, si le public veut bien accueillir favorablement cette première tentative, nous projetons de grouper de la même façon les principaux ouvrages de sculpture monumentale ou funéraire, de sculpture d'animaux ou de petite sculpture, etc., qui ont donné une physionomie si particulière à la statuaire de notre temps.

Les reproductions de cet ouvrage ont été obtenues grâce aux excellents clichés de MM. Giraudon, Fiorillo, Lévy et fils, Daveau, Mercier, etc., et plus spécialement de MM. Neurdein frères, que nous remercions tous également.

TABLE DES PLANCHES

AIZELIN (Eugène).
Agar et Ismaël, marbre. Musée du Luxembourg (Pl. XIV).

ALLAR (André).
La Mort d'Alceste, marbre. Musée du Luxembourg (Pl. XVI).

AUBÉ (Paul).
Dante, bronze. Square du Collège de France (Pl. XIII).

BAFFIER (Jean).
La Jeannette, marbre. Musée Galliéra (Pl. XXXII).

BARRIAS (Ernest).
Mozart enfant, bronze. Musée du Luxembourg (Pl. XVII).
Les Dernières Funérailles, marbre. Hôtel-de-Ville de Paris (Pl. XVII).

BARTHOLOMÉ (Albert).
Petite fille pleurant, bronze. Musée du Luxembourg (Pl. XXXII).

BARYE (Antoine).
Le Combat du Centaure et du Lapithe (petit groupe), bronze. Musée du Louvre (Pl. IV).

BECQUET (Just).
Saint Sébastien, marbre. Musée du Luxembourg (Pl. XXVI).

BLANCHARD (Jules).
La bocca della Verita, marbre. Jardin du Luxembourg (Pl. XXI).

BLOCH (Armand).
Buste de Alexandre Lunois, bois. Musée du Luxembourg (Pl. XXVII).

BOISSEAU (Émile).
Diogène, marbre. Musée du Luxembourg (Pl. XXXI).

BOSIO (François) (1766-1845).
La Nymphe Salmacis, marbre. Musée du Louvre (Pl. II).

BOUCHER (Alfred).
Au But, bronze. Jardin du Luxembourg (Pl. XXVII).

BOUCHER (Jean).
Un Soir, marbre (Pl. XXXI). Appartient à l'État.

CAPTIER (François).
La Désespérance, marbre. Musée du Luxembourg (Pl. XXI).

CARLÈS (Antonin).
L'Innocence, marbre. Musée du Luxembourg (Pl. XXII).

CARLIER (Émile).
Gilliatt, marbre. Musée du Luxembourg (Pl. XXIII).

CARPEAUX (Jean-Baptiste) (1827-1875).
Hugolin, bronze. Jardin des Tuileries (Pl. III).

CARRIER-BELLEUSE (Albert) (1824-1887).
Hébé, marbre. Musée du Luxembourg (Pl. V).

CARRIÈS (Joseph) (1855-1896).
Tête de Charles Ier, bronze. Musée du Luxembourg (Pl. XXXII).

CAVELIER (Jules) (1814-1894).
La Vérité, marbre. Musée du Luxembourg (Pl. XIV).

CAZIN (Mme Marie).
Jeunes filles, bronze. Musée du Luxembourg (Pl. XXXII).

CHAPU (Henri) (1833-1891).
Jeanne D'Arc à Domrémy, marbre. Musée du Luxembourg (Pl. VI).
Mercure inventant le Caducée. Musée du Luxembourg (Pl. VI).

CHARPENTIER (Félix).
Illusion, marbre. Musée du Luxembourg (Pl. XXII).

CHATROUSSE (Émile) (1829-1896).
La Lecture, marbre. Musée du Luxembourg (Pl. X).

CHRISTOPHE (Ernest) (1827-1892).
Le Baiser suprême, marbre. Musée du Luxembourg (Pl. XXIII).

CLÉSINGER (Jean-Baptiste) (1814-1883).
Buste de Jeune Femme, marbre. Musée du Louvre (Pl. IV).

COUTAN (Jules).
Eros, marbre. Musée du Luxembourg (Pl. XXVIII).

CRAUK (Gustave).
Buste de Fillette, marbre. Musée du Luxembourg (Pl. IV).

DAILLION (Horace).
Vauvenargues, marbre. Appartient au musée du Luxembourg (Pl. XXIX).

DALOU (Jules).
Le Triomphe de Silène, bronze. Jardin du Luxembourg (Pl. XI).

DAMPT (Jean).
Le Baiser de l'Aïeule, marbre. Musée du Luxembourg (Pl. XXIV).

DAVID D'ANGERS (Pierre) (1788-1856).
Philopœmen, marbre. Musée du Louvre (Pl. I).

DEGEORGE (Charles) (1847-1889).
La Jeunesse d'Aristote, marbre. Musée du Louvre (Pl. X).

DELAPLANCHE (Eugène) (1836-1890).
La Vierge au lys, marbre. Musée du Luxembourg (Pl. XI).
L'Aurore, marbre. Musée du Luxembourg (Pl. XI).

DESBOIS (Jules).
Léda, marbre. Musée du Luxembourg (Pl. XXIII).

DUBOIS (Ernest).
Le Pardon, marbre. Musée du Luxembourg (Pl. XXXI).

DUBOIS (Paul).
Chanteur Florentin, bronze. Musée du Luxembourg (Pl. XII).
Narcisse, marbre. Musée du Luxembourg (Pl. XII).
Saint Jean-Baptiste, marbre. Musée du Luxemb. (Pl. XII).

DUMONT (Auguste) (1801-1884).
Buste de Jeune Fille couronnée de Fleurs, marbre. Musée du Luxembourg (Pl. IV).

DURET (Francisque) (1804-1865).
Vendangeur improvisant, bronze. Musée du Louvre (Pl. II).

FALGUIÈRE (ALEXANDRE) (1831-1900).
Saint Vincent de Paul, marbre. Panthéon (Pl. VIII).
Tarcisius, marbre. Musée du Luxembourg (Pl. VIII).
Vainqueur au Combat de Coqs, bronze. Musée du Luxembourg (Pl. IX).
Danseuse, marbre (Pl. IX).

FOYATIER (DENIS) (1793-1863).
Spartacus, marbre. Musée du Louvre (Pl. I).

FRÉMIET (EMMANUEL).
Saint Grégoire de Tours, marbre. Panthéon (Pl. VIII).
Pan et Ours, marbre. Musée du Luxembourg (Pl. IX).

GASQ (PAUL).
Héro et Léandre, marbre. Musée du Luxembourg (Pl. XXVIII).

GAUTHERIN (JEAN) (1840-1890).
Buste de Mme Gautherin, marbre. Musée du Luxembourg (Pl. XXVII).

GÉROME (LÉON).
Tanagra, marbre. Musée du Luxembourg (Pl. XX).

GRÉBER (HENRI).
Le Grisou, marbre. Jardin du Luxembourg (Pl. XXVI).

GUILLAUME (EUGÈNE).
Le Mariage romain, marbre. Musée de Dijon (Pl. VII).
Monseigneur Darboy, buste marbre. Musée du Luxembourg (Pl. VII).
Les Gracques, bronze. Musée du Luxembourg (Pl. VII).
Anacréon, marbre. Musée du Luxembourg (Pl. VII).

HANNAUX (EMMANUEL).
Fleur de Sommeil. Musée du Puy (Pl. XXX).

HIOLLE (ERNEST) (1833-1887).
Arion, marbre. Musée du Luxembourg (Pl. XIII).

HUGUES (JEAN).
Œdipe à Colone, marbre. Musée du Luxembourg (Pl. XXV).

IDRAC (ANTOINE) (1849-1885).
Mercure invente le Caducée, marbre. Musée du Luxembourg (Pl. X).
Salammbô, marbre. Musée du Luxembourg (Pl. XIX).

INJALBERT (ANTONIN).
Hippomène, bronze. Musée du Luxembourg (Pl. XVI).

ISELIN (HENRI-FRÉDÉRIC).
Le Président Boileau, buste marbre. Musée du Luxembourg (Pl. IV).

JOUFFROY (FRANÇOIS) (1806-1882).
Jeune Fille confiant son secret à Vénus, marbre. Musée du Louvre (Pl. V).

LANSON (ALFRED).
L'Age de fer, marbre. Musée du Luxembourg (Pl. XXIV).

LARCHE (RAOUL).
Les Violettes, marbre. Musée du Luxembourg (Pl. XXX).

LEFÈVRE (CAMILLE).
Bonheur, marbre (Pl. XXXII). Appartient à l'État.

LEGROS (ALPHONSE).
Masque de Miss Swainson, bronze. Musée du Luxembourg (Pl. XXVII).

LEMAIRE (HECTOR).
Le Matin, marbre. Musée du Luxembourg (Pl. XX).

LENOIR (ALFRED).
Saint Jean, buste marbre. Musée du Luxembourg (Pl. XXVII).

LEROUX (ÉTIENNE).
Marchande de Violettes, bronze. Musée du Luxembourg (Pl. XVII).

LONGEPIED (LÉON) (1849-1888).
L'Immortalité, marbre. Musée du Luxembourg (Pl. XXII).

MAINDRON (HIPPOLYTE) (1801-1884).
Velléda, marbre. Jardin du Luxembourg (Pl. III).

MARQUESTE (LAURENT).
Persée et la Gorgone, marbre. Musée du Luxembourg (Pl. XIX).
Galatée, marbre. Musée du Luxembourg (Pl. XIX).

MASSEAU (FIX).
Buste de Jeune Femme, marbre (Pl. XXXII).

MASSOULLE (ARTHUR).
Madame de Sévigné, marbre. Maison de la Légion d'honneur, à St-Denis (Pl. XXIX).

MERCIÉ (ANTONIN).
Gloria Victis, bronze. Square Montholon (Pl. XVIII).
David, bronze. Musée du Luxembourg (Pl. XVIII).

MICHEL (GUSTAVE).
Dans le Rêve, marbre. Musée du Luxemb. (Pl. XXVIII).

MILLET (AIMÉ) (1819-1891).
Ariane, marbre. Palais des Invalides (Pl. VI).

MOULIN (HIPPOLYTE) (1832-1883).
Une trouvaille à Pompéi, bronze. Musée du Luxembourg (Pl. XVI).

NOEL (TONY).
Plaintes d'Orphée, marbre (Pl. XXV).

PEINTE (HENRI).
Orphée endormant Cerbère, bronze. Musée du Luxembourg (Pl. XVIII).

PÉTER (VICTOR).
Rêverie, marbre (Pl. XXX).

PEYNOT (ÉMILE).
Pro Patria, marbre. Musée du Luxembourg (Pl. XXI).

PRADIER (JAMES) (1792-1852).
Sapho, marbre. Musée du Louvre (Pl. II).

PRÉAULT (AUGUSTE) (1801-1879).
Clémence Isaure, marbre. Jardin du Luxembourg (Pl. III).

PUECH (DENYS).
La Sirène, marbre. Musée du Luxembourg (Pl. XX).

RODIN (AUGUSTE).
L'Age d'airain, bronze. Musée du Luxembourg (Pl. XV).
Le Baiser, marbre. Musée du Luxembourg (Pl. XV).
Saint Jean-Baptiste, marbre. Musée du Luxembourg (Pl. XV).
Buste de Femme, marbre. Musée du Luxembourg. (Au titre.)

ROGER-BLOCHE.
L'Enfant, bronze. Musée du Luxembourg (Pl. XXVI).

RUDE (FRANÇOIS) (1784-1855).
Pêcheur Napolitain, marbre. Musée du Louvre (Pl. I).

SAINT-MARCEAUX (RENÉ DE).
Génie gardant le secret de la Tombe. Musée du Luxembourg (Pl. XIV).

SCHŒNEWERK (ALEXANDRE) (1820-1885).
Jeune Fille à la Fontaine, marbre (Pl. V). Appartient à l'État.

SICARD (FRANÇOIS).
Agar, marbre (Pl. XXIX). Appartient à l'État.

THOMAS (GABRIEL-JULES).
Virgile, marbre. Musée du Luxembourg (Pl. XIII).

TURCAN (JEAN) (1846-1895).
L'Aveugle et le Paralytique, marbre. Musée du Luxembourg (Pl. XXIV).

VERLET (RAOUL).
La Douleur d'Orphée, marbre. Place Malesherbes (Pl. XXV).

11316-00. — CORBEIL. Imprimerie ÉD. CRÉTÉ.

DAVID D'ANGERS (Pierre).

Philopœmen.

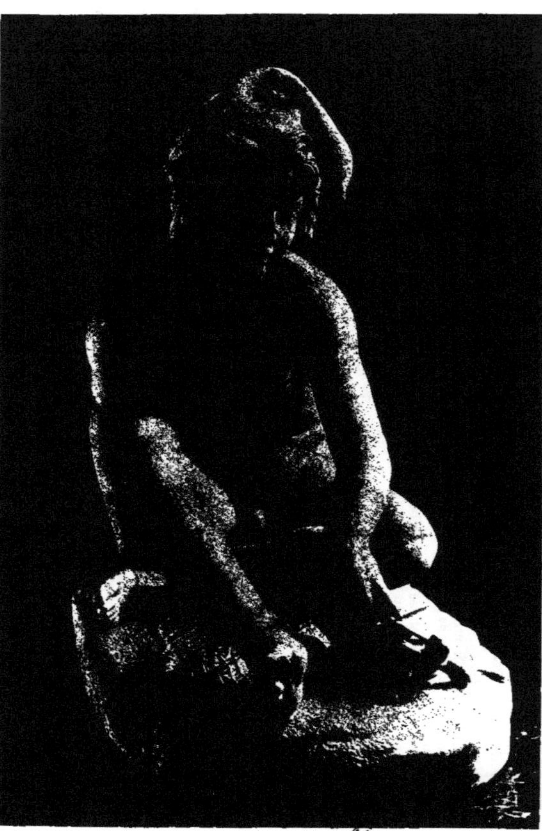

RUDE (François).

Pêcheur Napolitain.

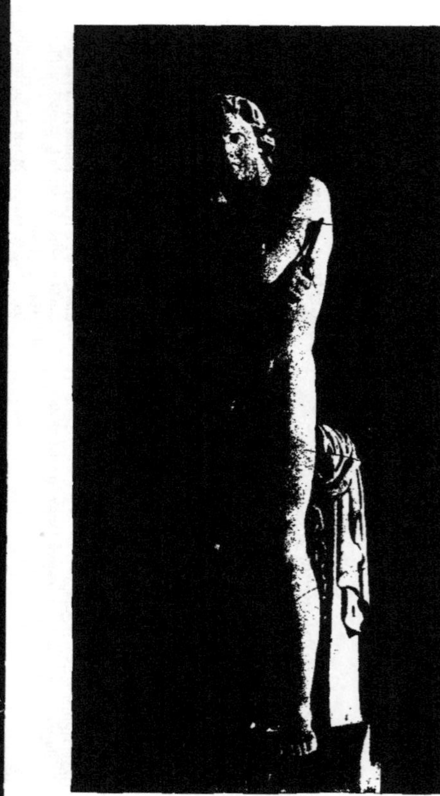

FOYATIER (Denis).

Spartacus.

PRADIER (James).

Sapho.

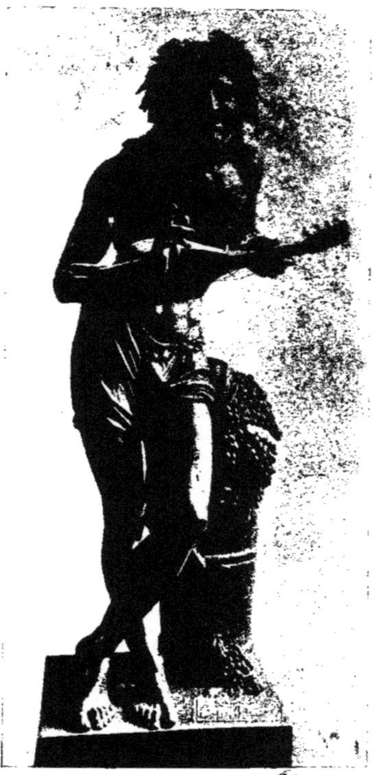
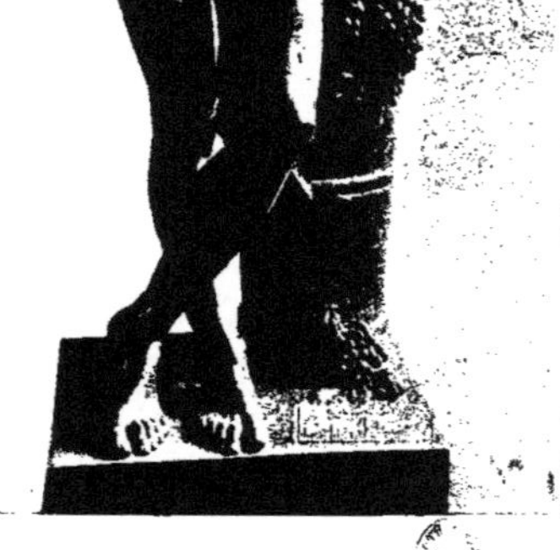

DURET (Francisque).

Vendangeur improvisant.

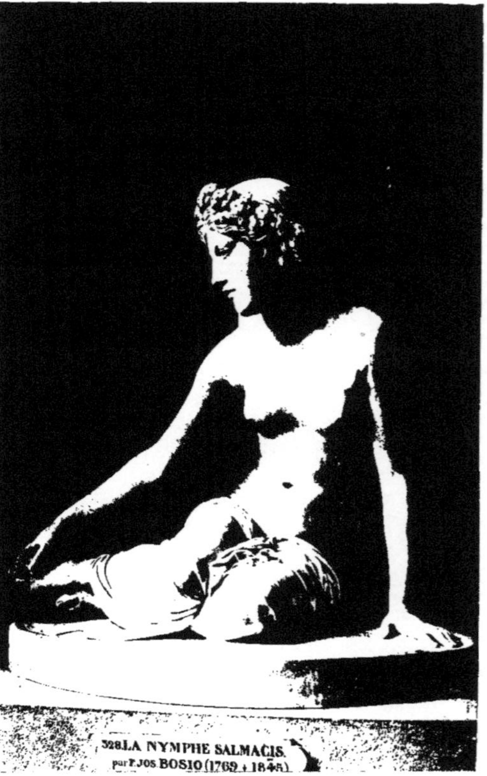

BOSIO (François).

La Nymphe Salmacis.

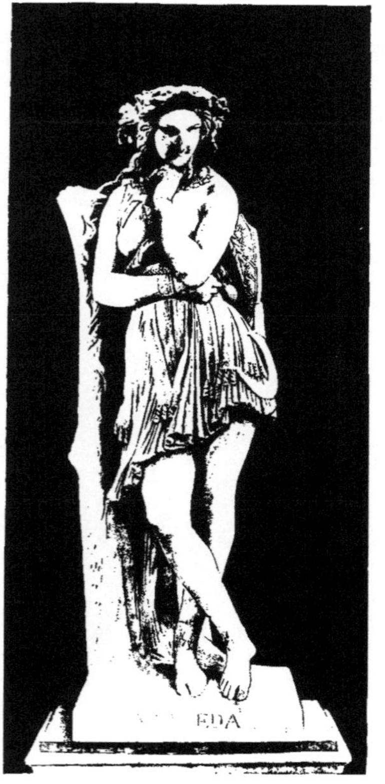

MAINDRON (Hippolyte).

Velléda.

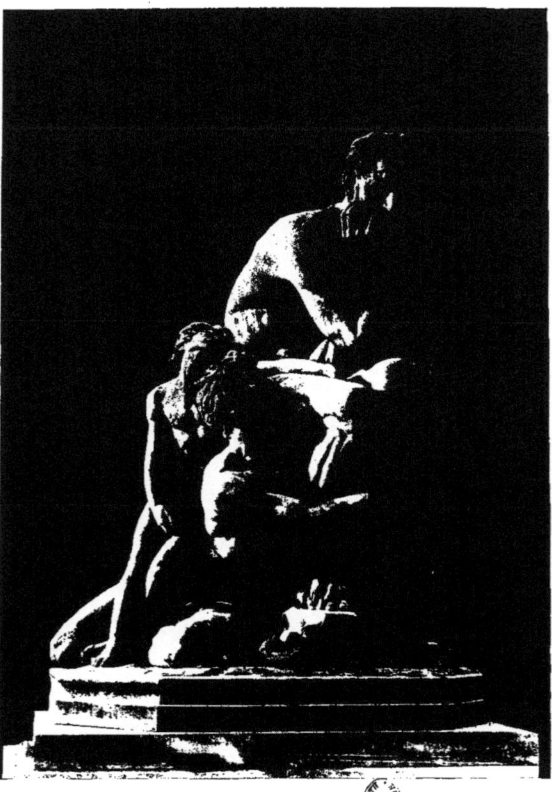

CARPEAUX (Jean-Baptiste).

Hugolin.

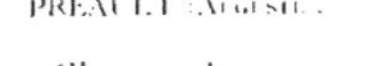

PRÉAULT (Auguste).

Clemence Isaure.

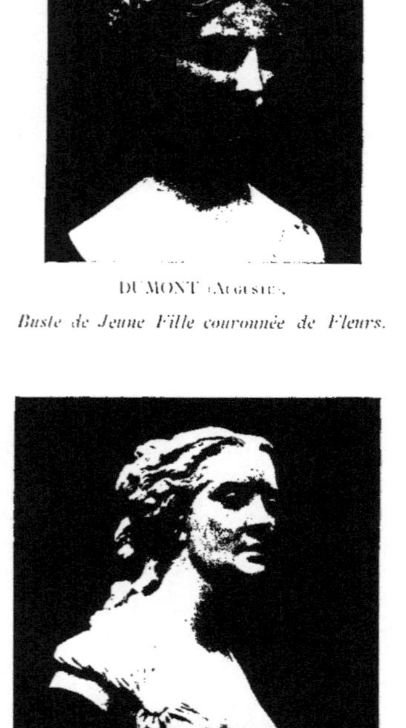

DUMONT (Auguste).

Buste de Jeune Fille couronnée de Fleurs.

CLÉSINGER (Jean-Baptiste).

Tête de Jeune Femme.

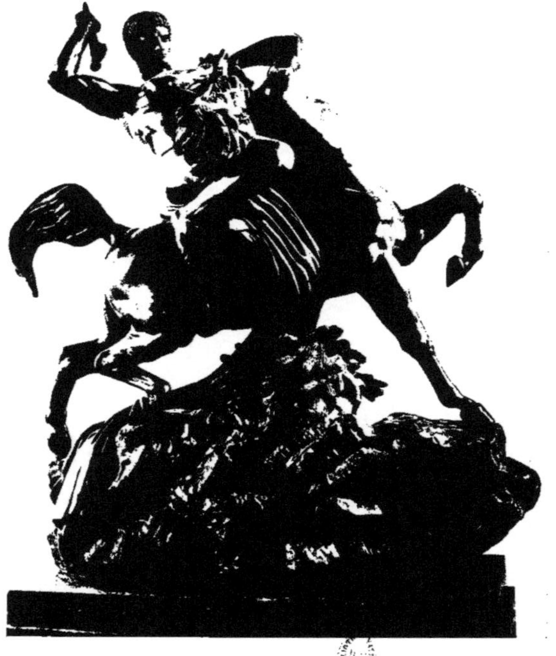

BARYE (Antoine).

Le Combat du Centaure et du Lapithe.

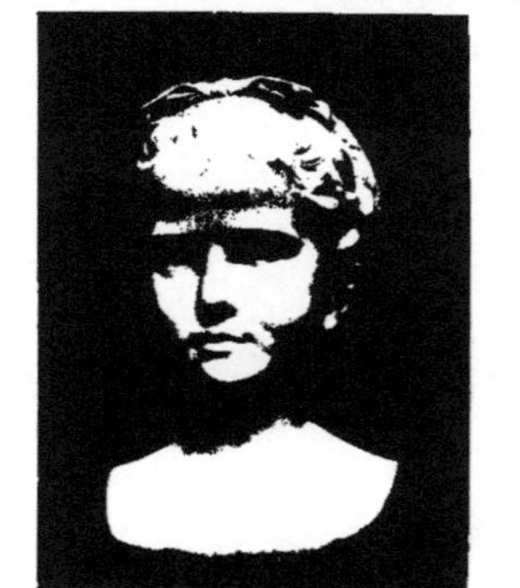

CRAUK (Gustave).

Buste de Fillette.

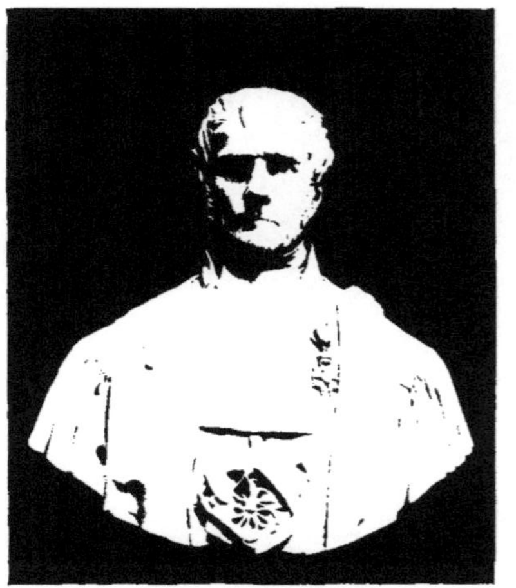

ISELIN (Henri-Frédéric).

Le Président Boileau.

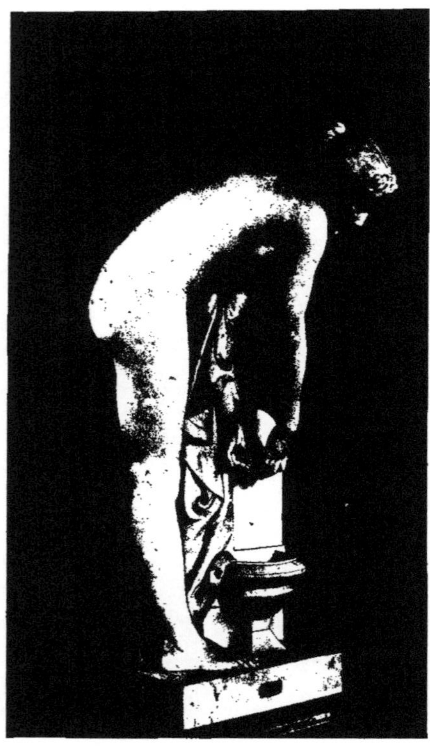

SCHŒNEWERK (Alexandre).

A la Fontaine.

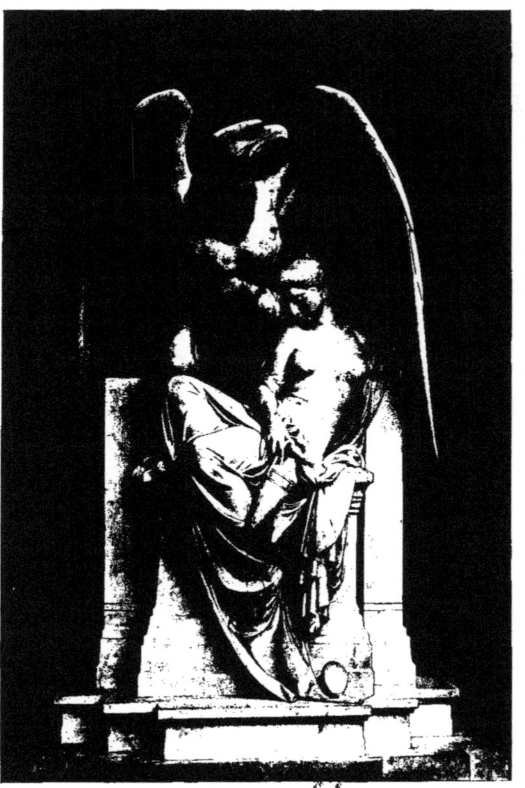

CARRIER-BELLEUSE (Albert).

Hébé.

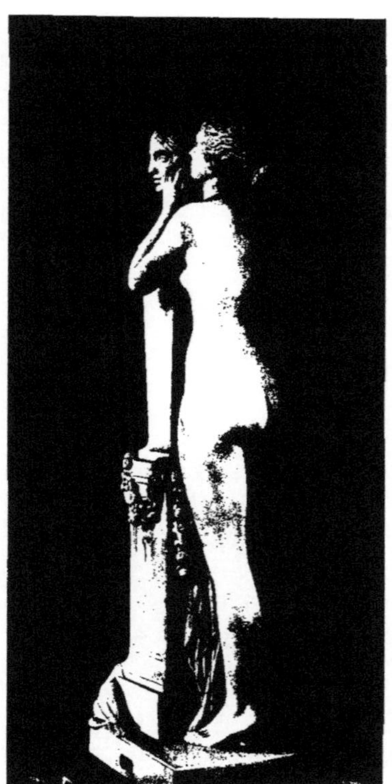

JOUFFROY (François).

Jeune fille confiant son secret à Vénus.

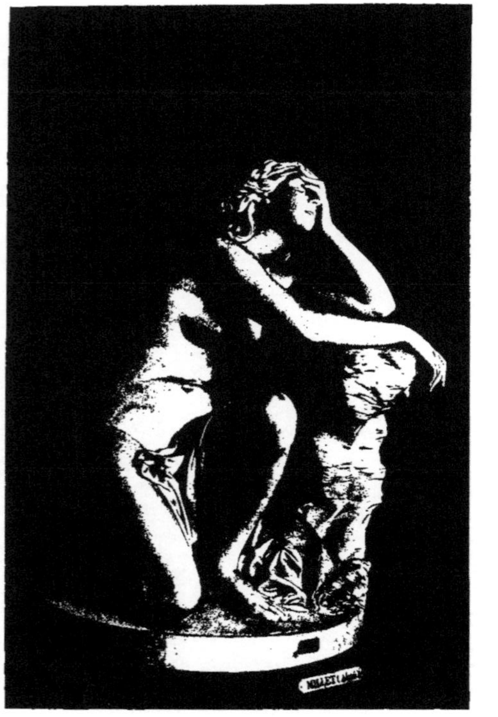

MILLET (Aimé).

Ariane

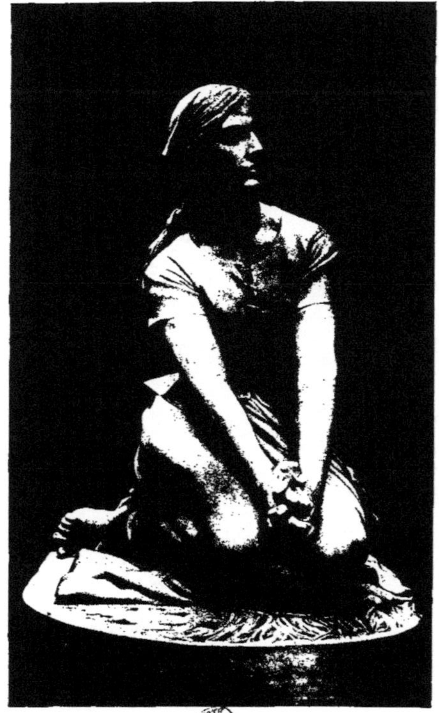

CHAPU (Henri).

Jeanne D'Arc à Domrémy.

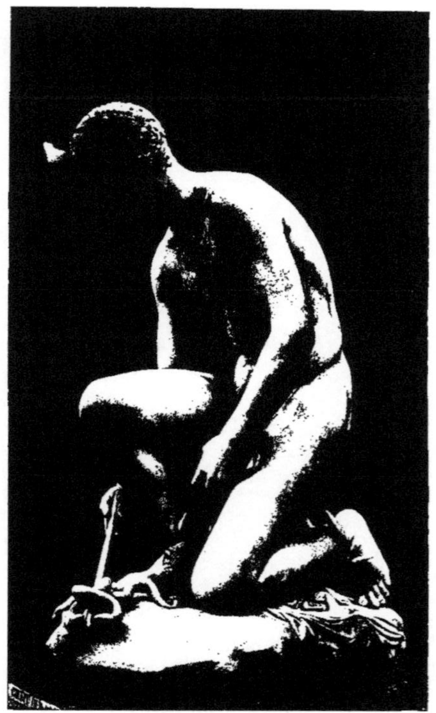

CHAPU (Henri).

Mercure inventant le caducée.

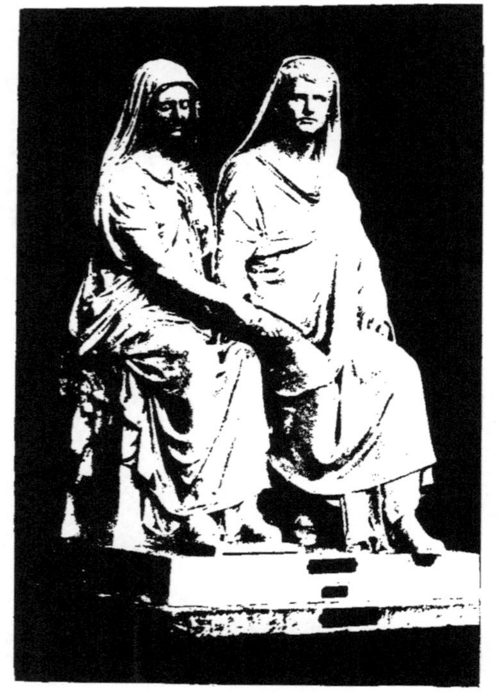

GUILLAUME (EUGÈNE).

Le Mariage romain.

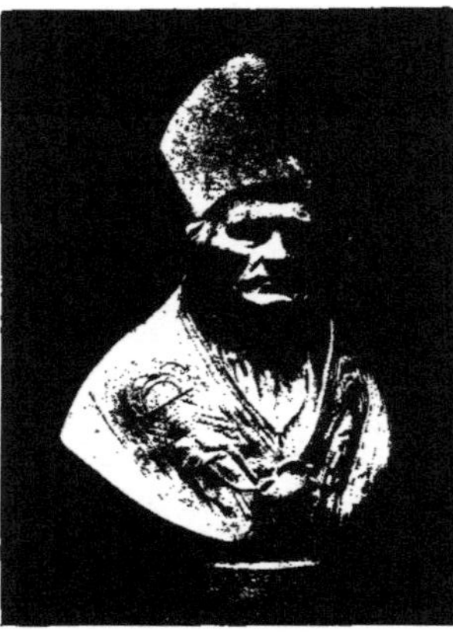

GUILLAUME (EUGÈNE).

Monseigneur Darboy.

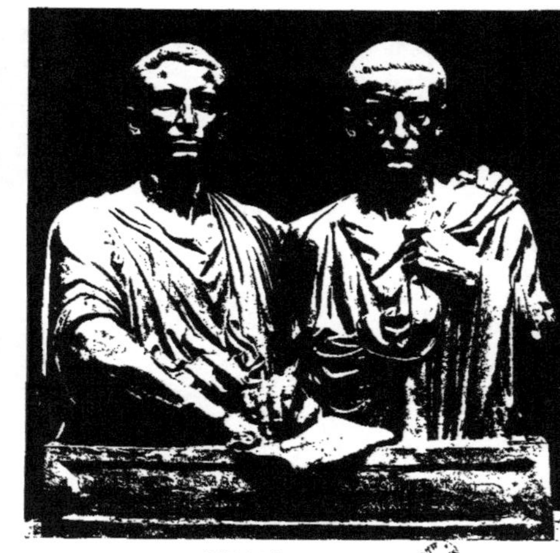

GUILLAUME (EUGÈNE).

Les Gracques

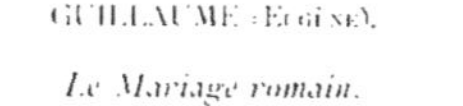

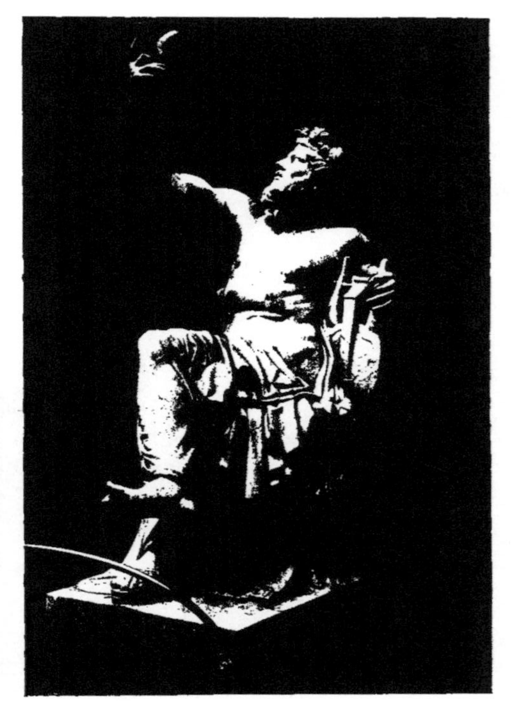

GUILLAUME (EUGÈNE).

Anacréon.

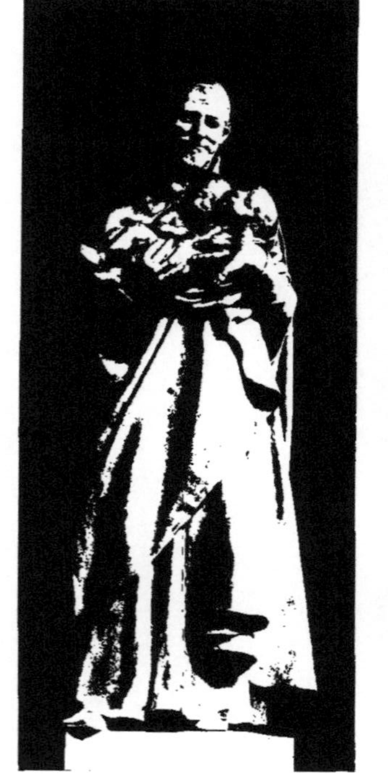

FALGUIÈRE (ALEXANDRE).

Saint Vincent de Paul.

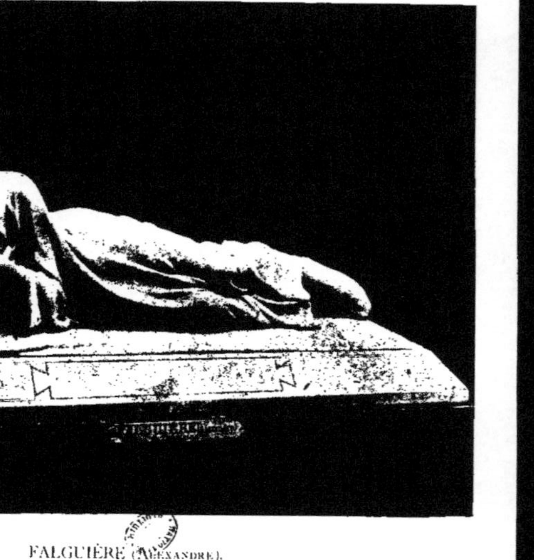

FALGUIÈRE (ALEXANDRE).

Tarcisius.

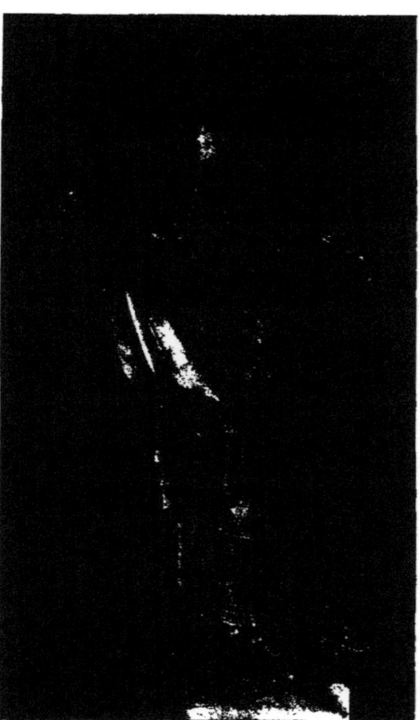

FRÉMIET (EMMANUEL).

Saint Grégoire de Tours

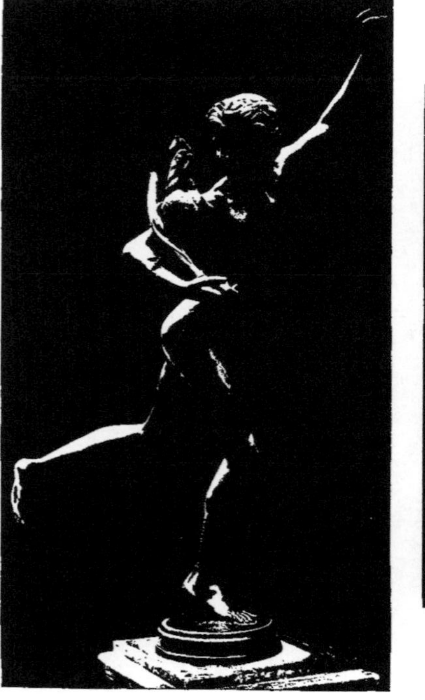

FALGUIÈRE (ALEXANDRE).

Vainqueur au combat de Coqs.

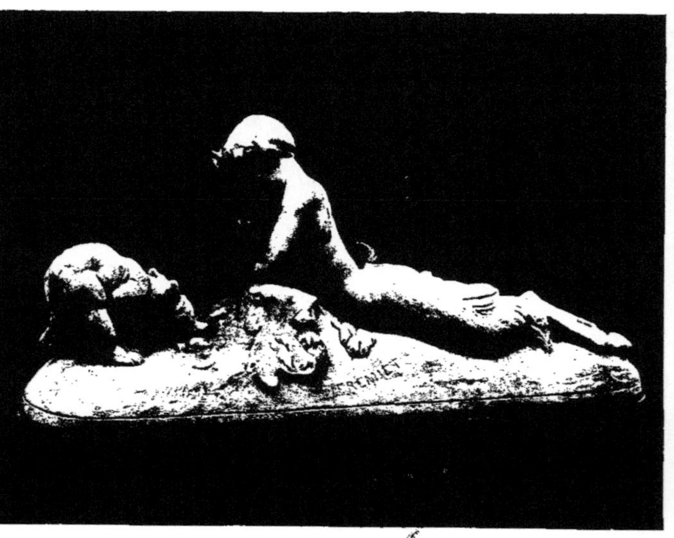

FRÉMIET (EMMANUEL).

Pan et Ours.

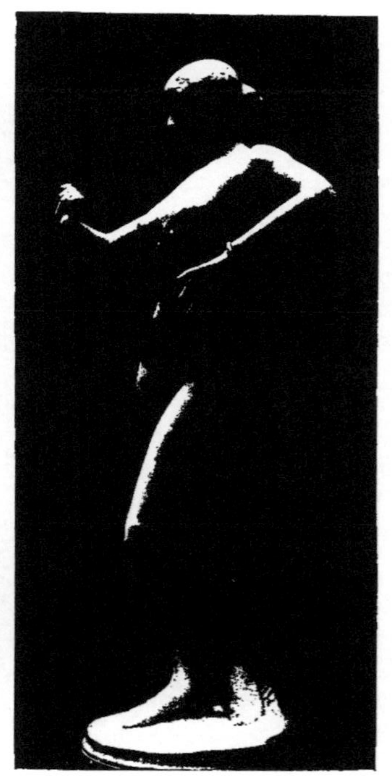

FALGUIÈRE (ALEXANDRE).

Danseuse.

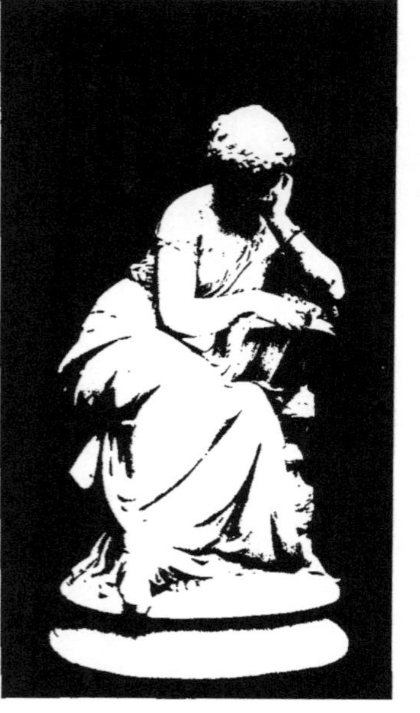

CHATROUSSE (Émile).

La Lecture.

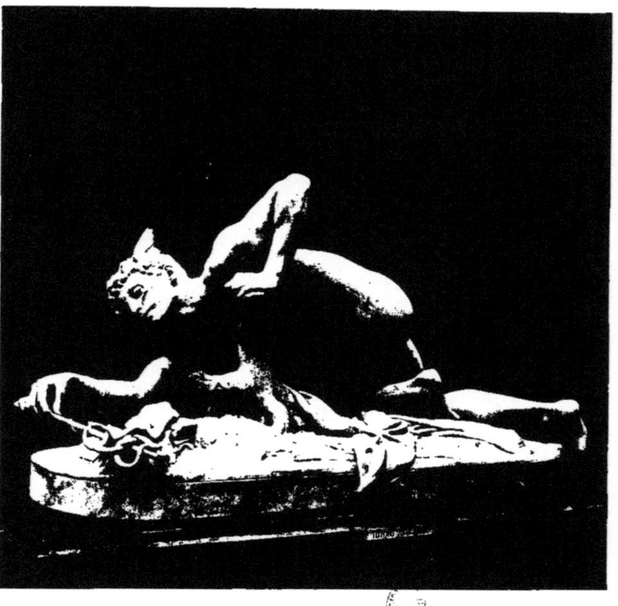

IDRAC (Antoine).

Mercure invente le Caducée.

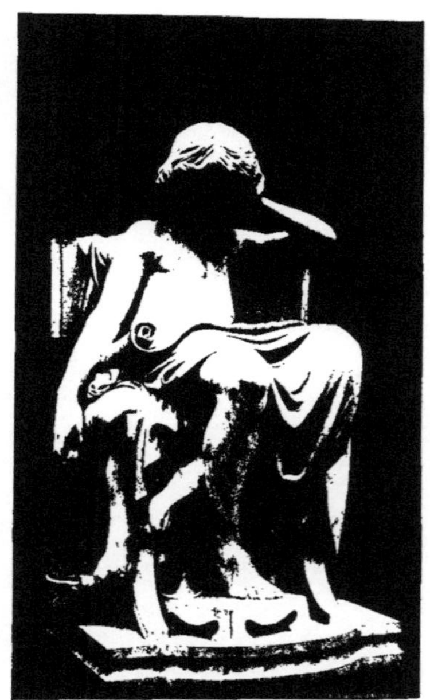

DEGEORGE (Charles).

La Jeunesse d'Aristote.

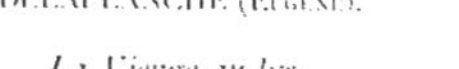

DELAPLANCHE (EUGÈNE).

La Vierge au lys.

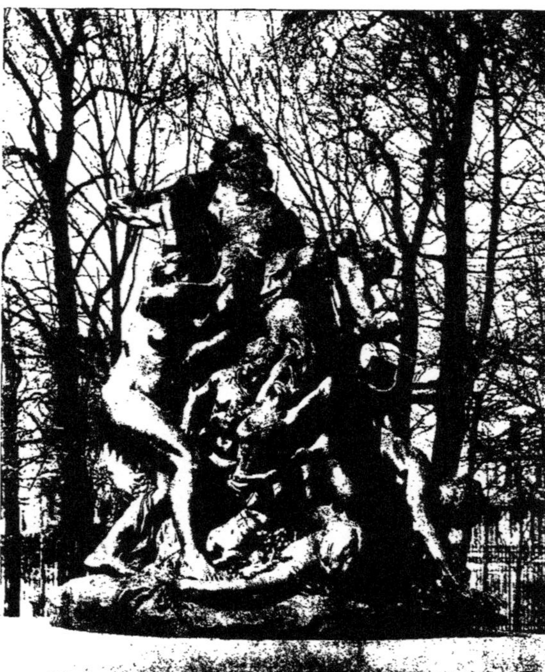

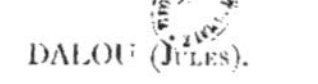

DALOU (JULES).

Le Triomphe de Silène.

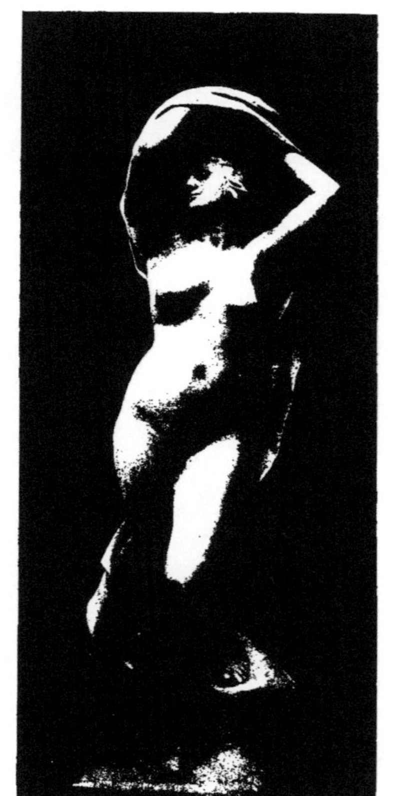

DELAPLANCHE (EUGÈNE).

L'Aurore.

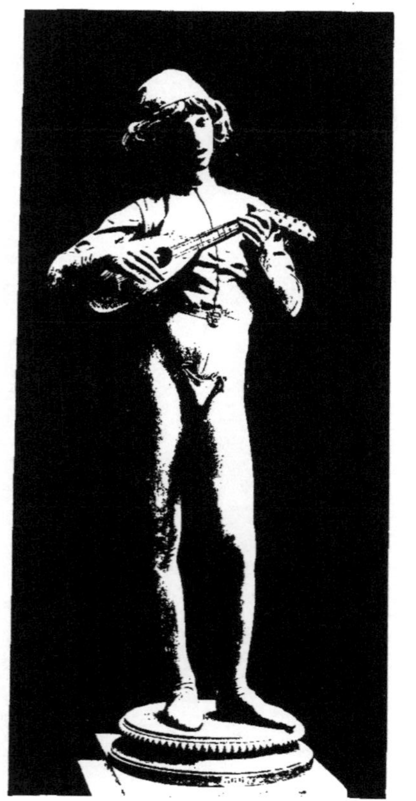

DUBOIS (Paul).

Chanteur Florentin.

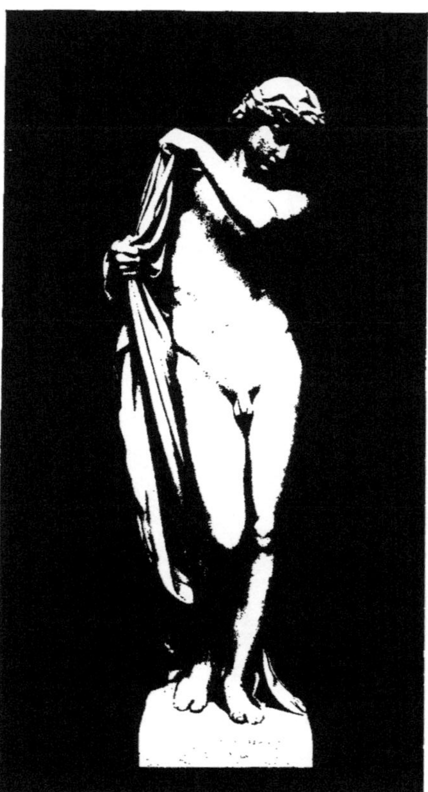

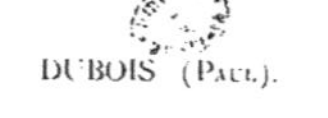

DUBOIS (Paul).

Narcisse.

DUBOIS (Paul).

Saint Jean-Baptiste.

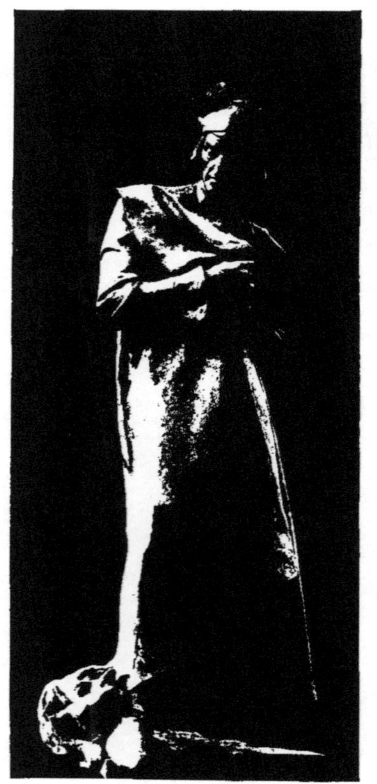

AUBÉ (PAUL).

Dante.

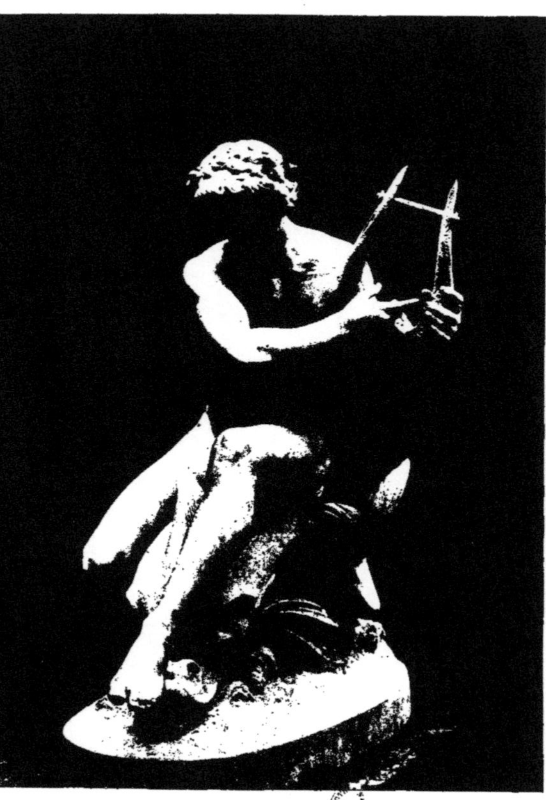

HIOLLE (ERNEST).

Arion.

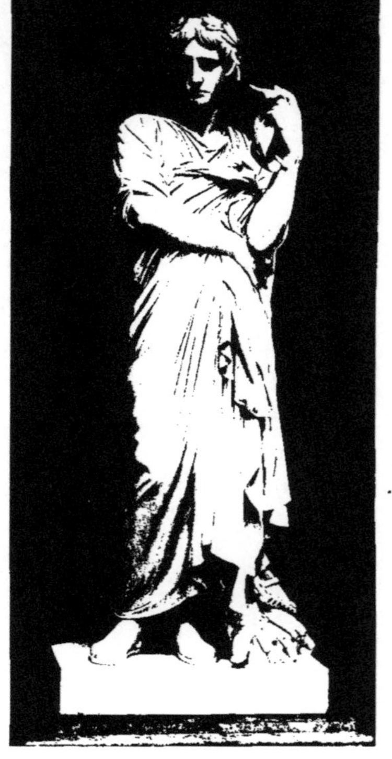

THOMAS (GABRIEL-JULES).

Virgile.

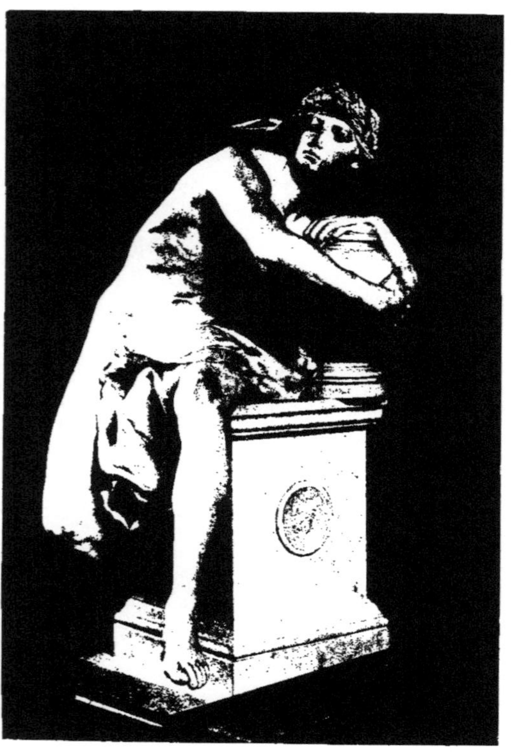

SAINT-MARCEAUX (RENÉ DE).

Génie gardant le secret de la Tombe.

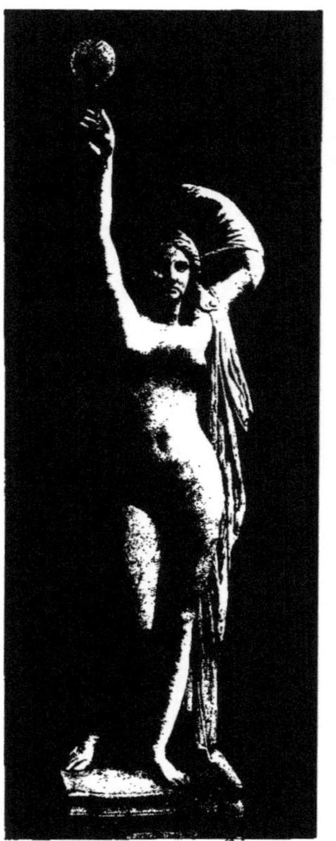

CAVELIER (JULES).

La Vérité.

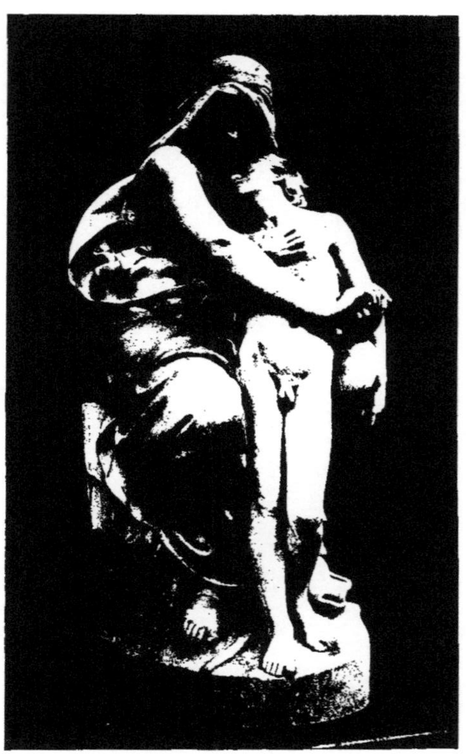

AIZELIN (EUGÈNE).

Agar et Ismaël.

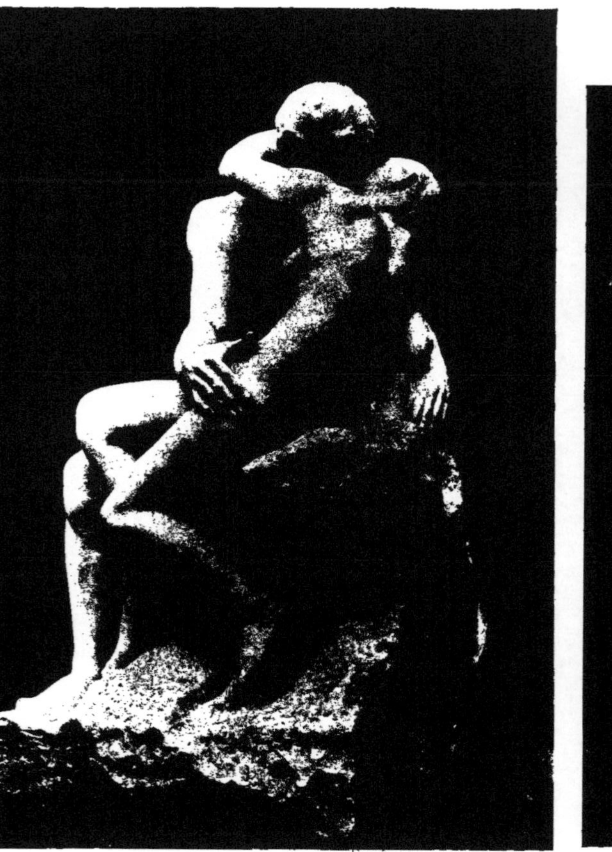

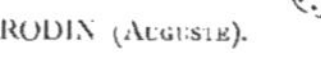

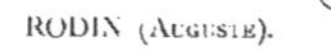

RODIN (AUGUSTE).

L'Age d'Airain.

RODIN (AUGUSTE).

Le Baiser.

RODIN (AUGUSTE).

Saint Jean-Baptiste.

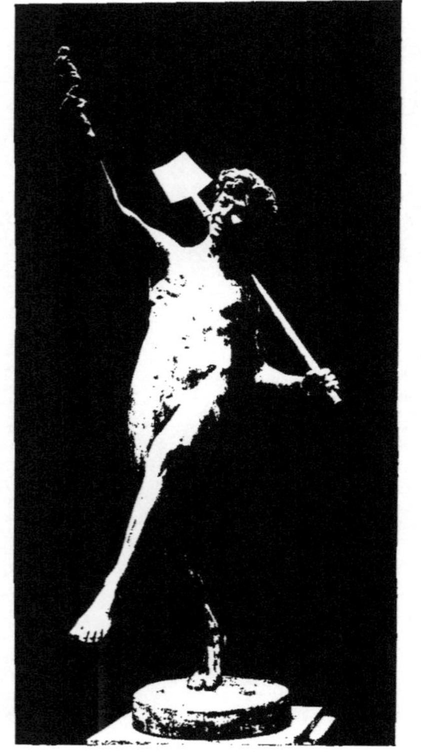

MOULIN (Hippolyte).

Une Trouvaille à Pompéi.

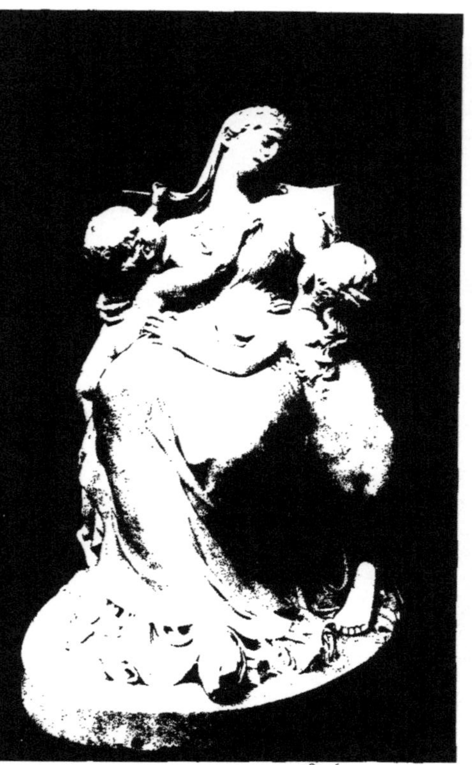

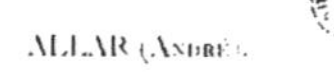

ALLAR (André).

La Mort d'Alceste.

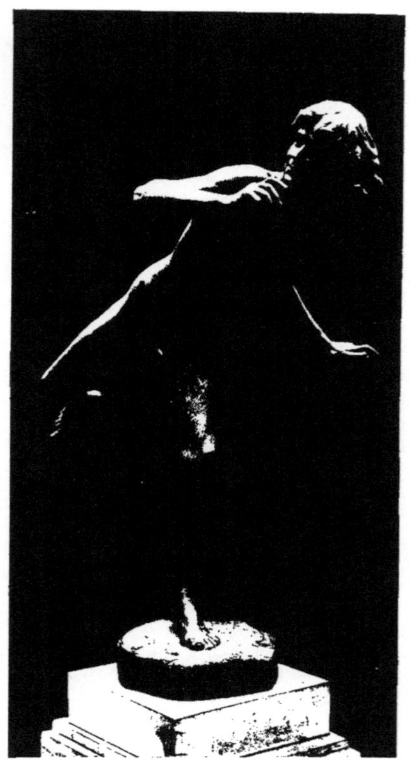

INJALBERT (Antonin).

Hippomène.

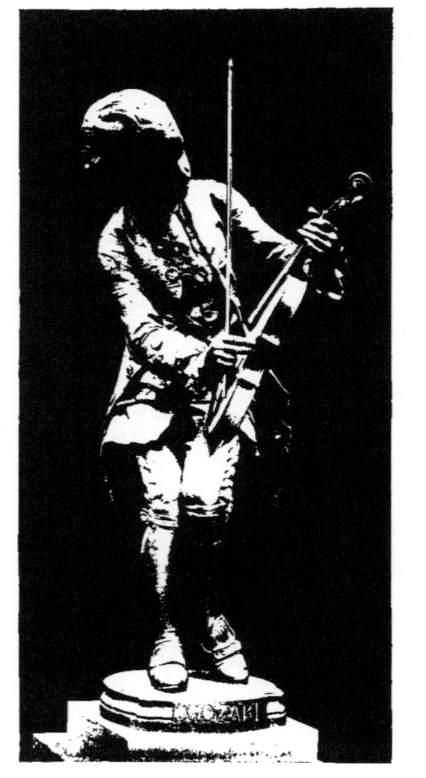

BARRIAS (Ernest).

Mozart enfant.

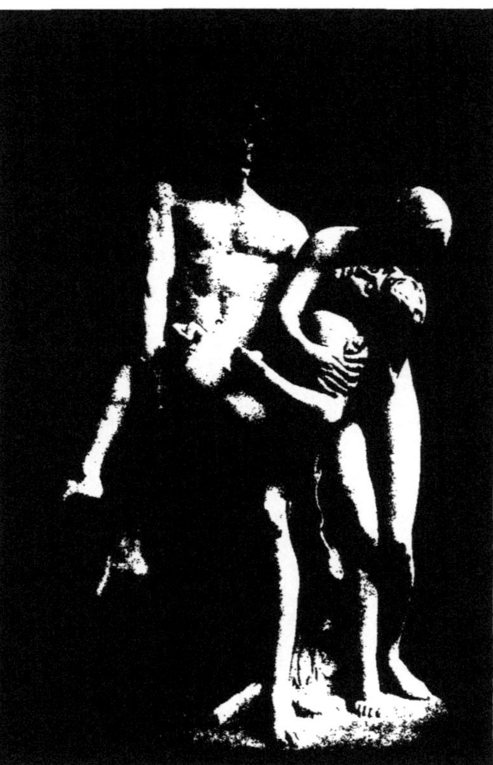

BARRIAS (Ernest).

Les Dernières Funérailles.

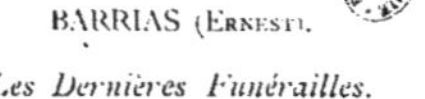

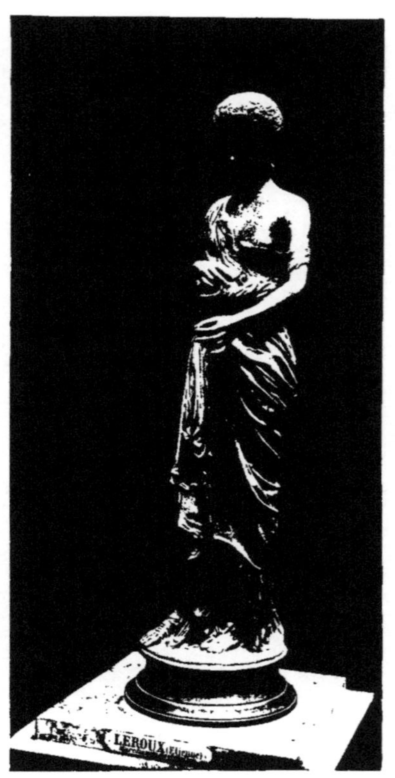

LEROUX (Étienne).

Marchande de Violettes.

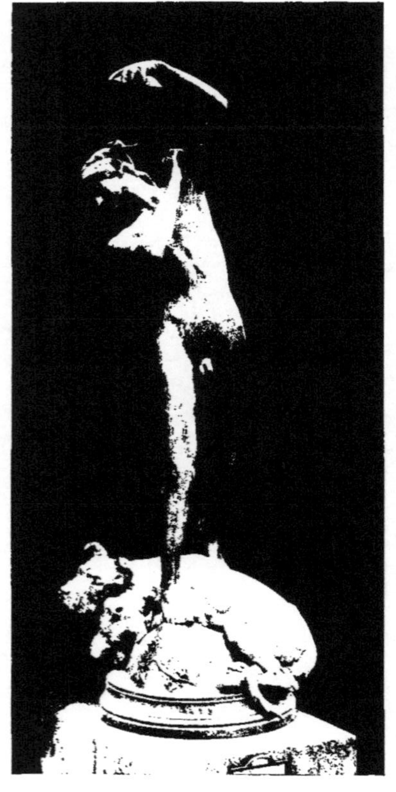

PEINTE (Henri).

Orphée endormant Cerbère.

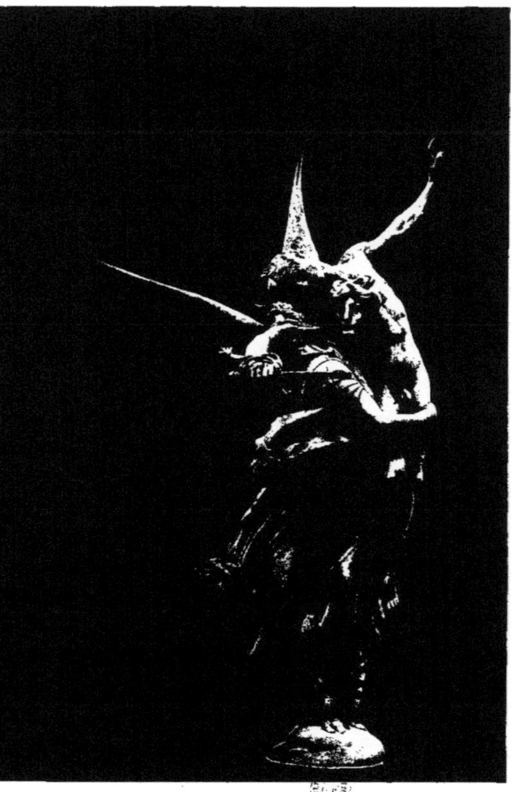

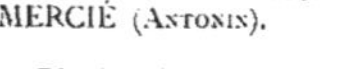

MERCIÉ (Antonin).

Gloria Victis.

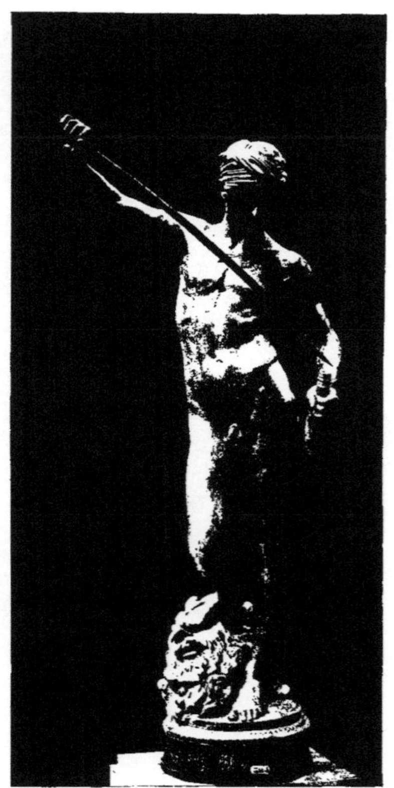

MERCIÉ (Antonin).

David.

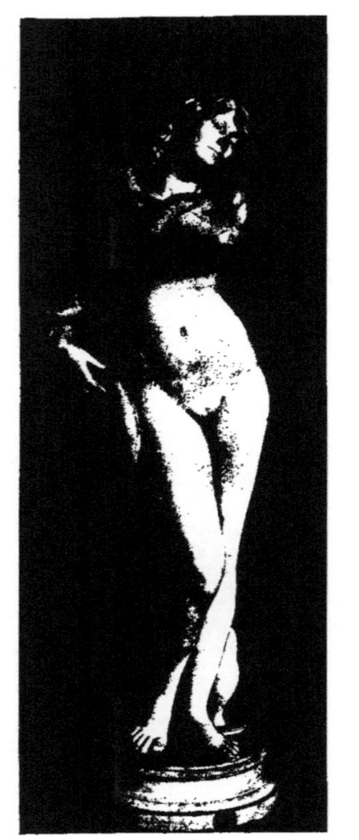

IDRAC (ANTOINE).

Salammbô.

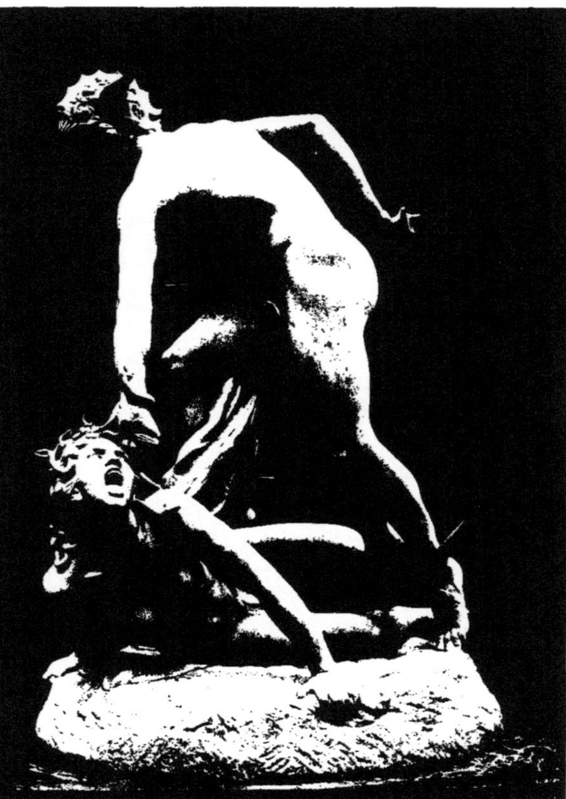

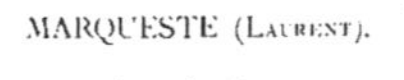

MARQUESTE (LAURENT).

Persée et la Gorgone.

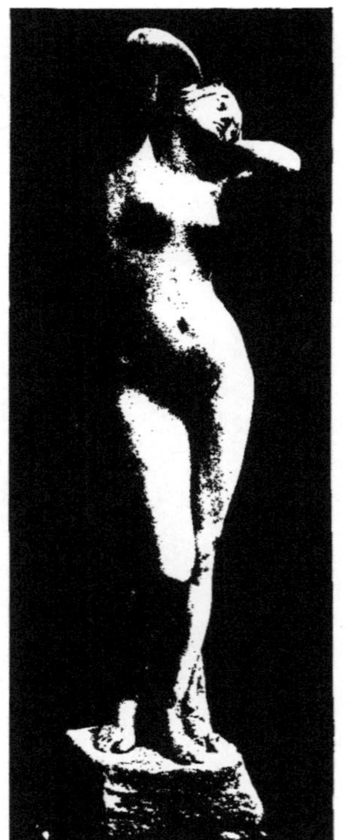

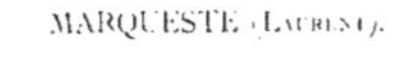

MARQUESTE (LAURENT).

Galathée.

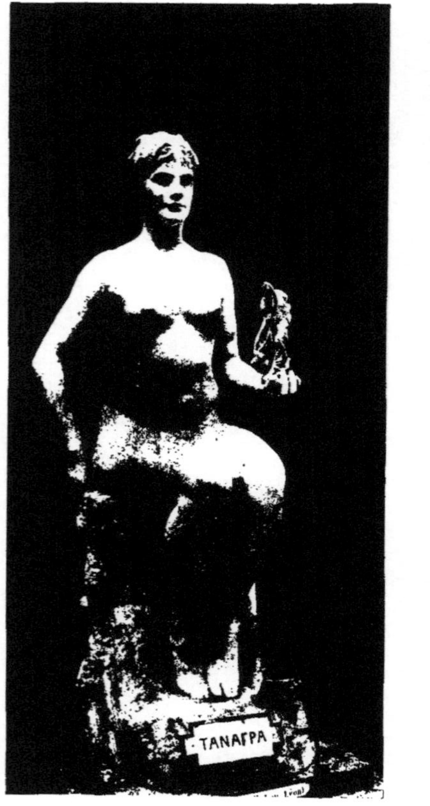

GÉROME (Léon).

Tanagra.

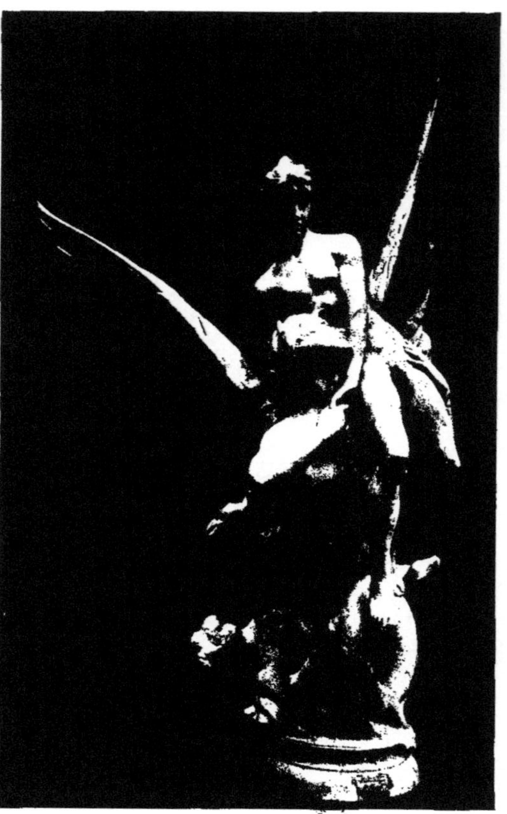

PUECH (Denys).

La Sirène.

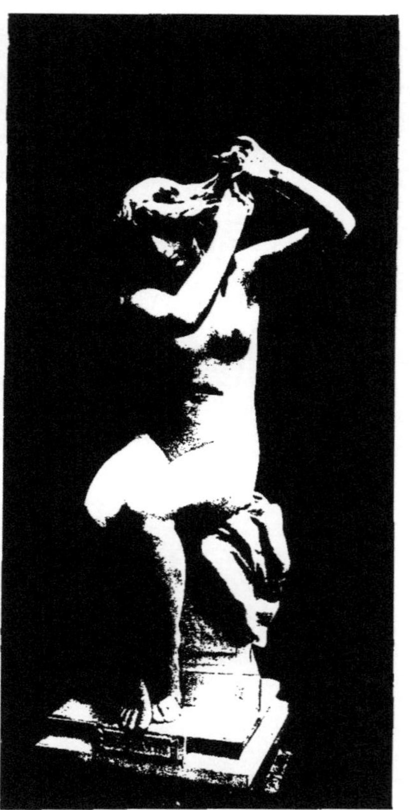

LEMAIRE (Hector).

Le Matin.

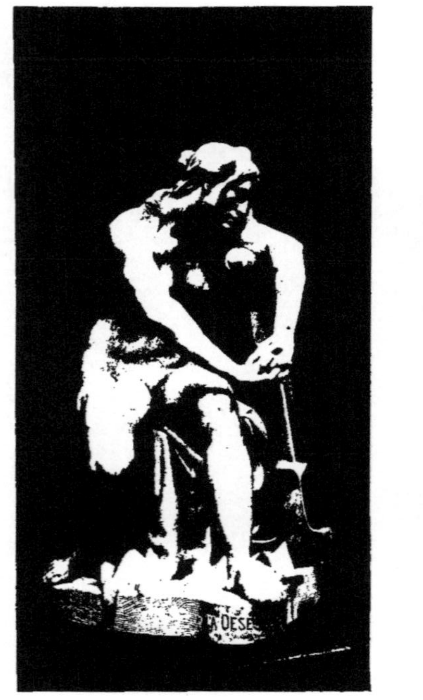

CAPTIER (François).

La Désespérance.

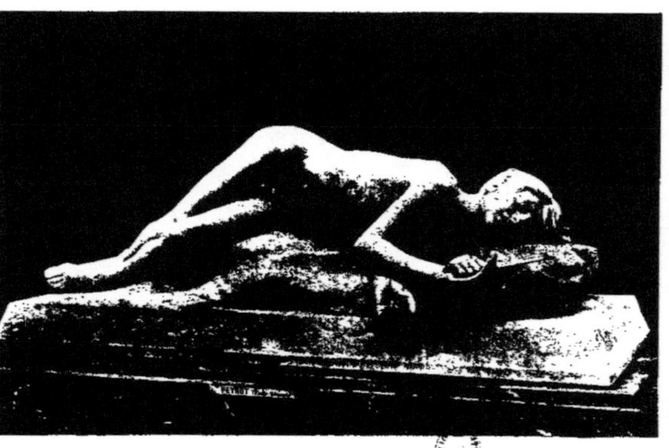

PEYNOT (Émile).

Pro patria.

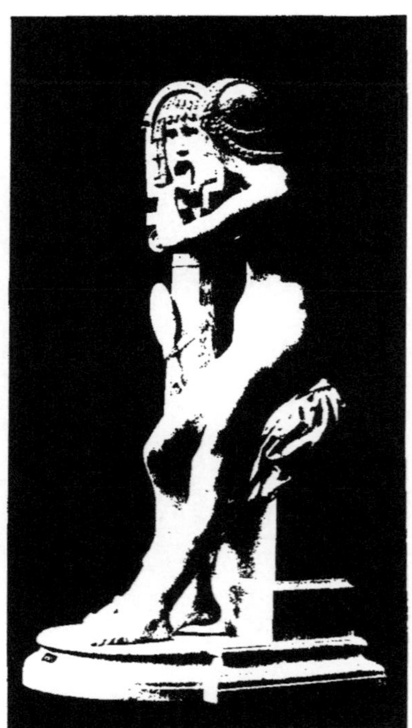

BLANCHARD (Jules).

La bocca della Verita.

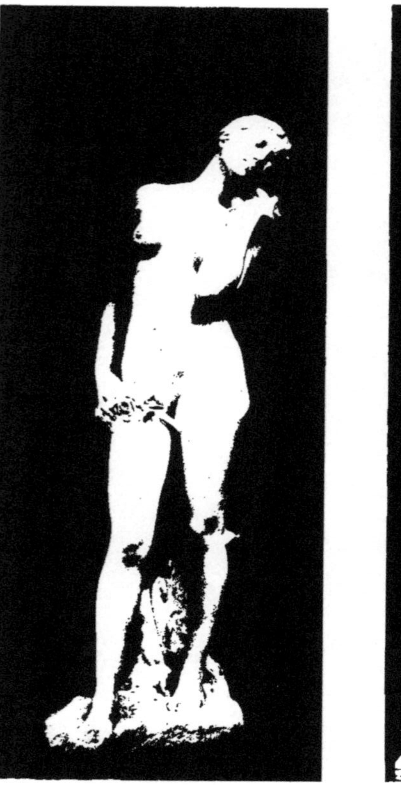

CHARPENTIER (Félix).

Illusion.

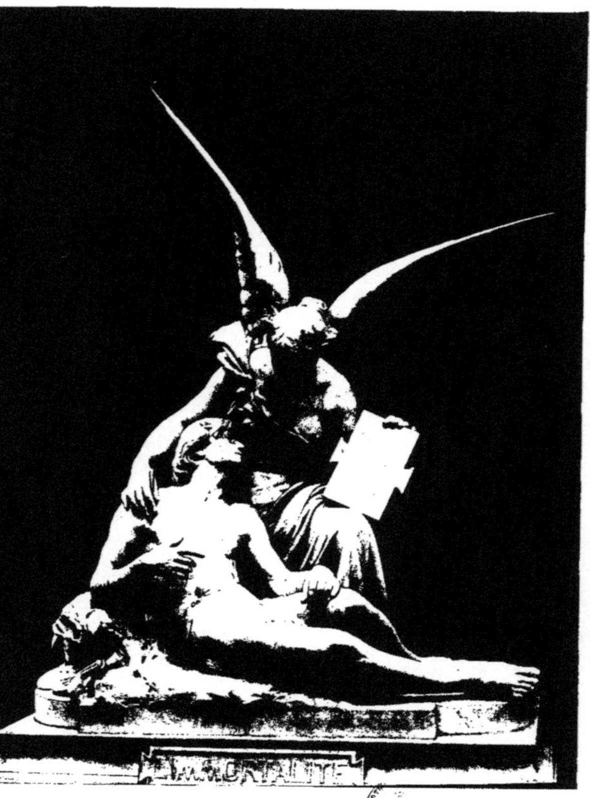

LONGEPIED (Léon).

L'Immortalité.

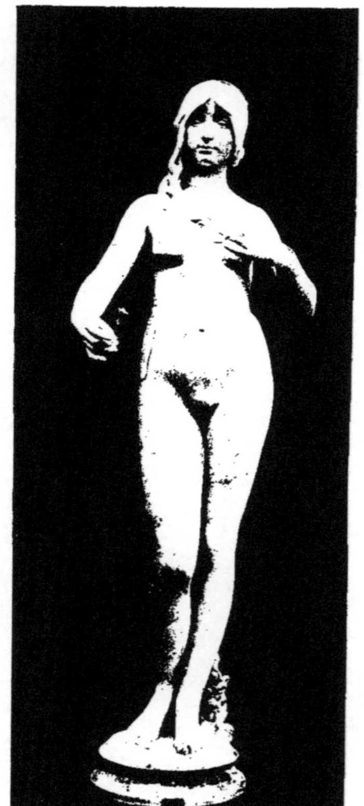

CARLÈS (Antonin).

L'Innocence.

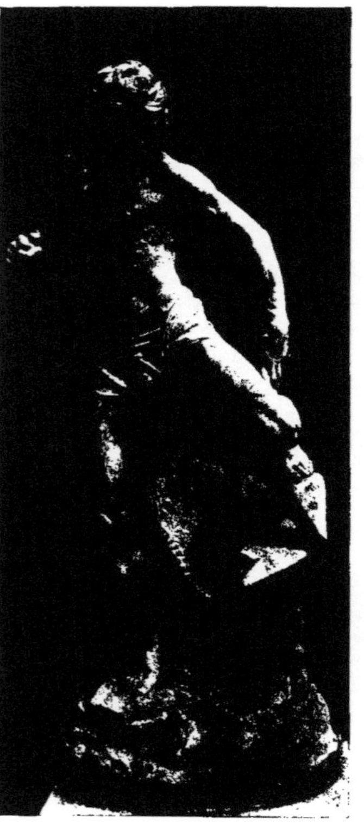

CARLIER (Émile).

Gilliatt.

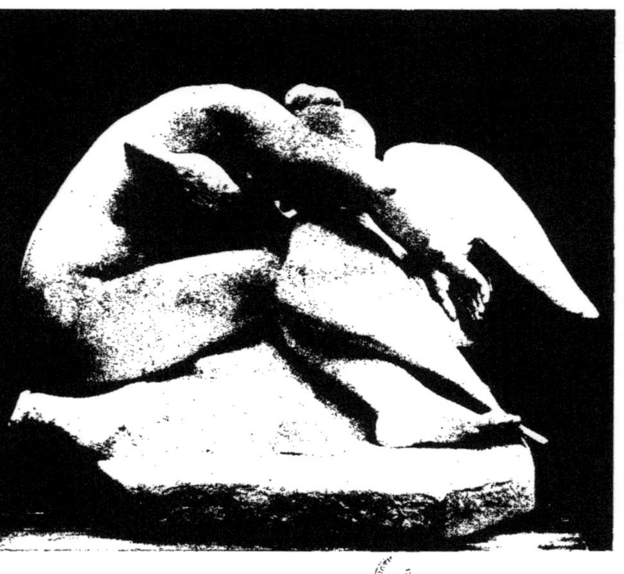

DESBOIS (Jules).

Léda.

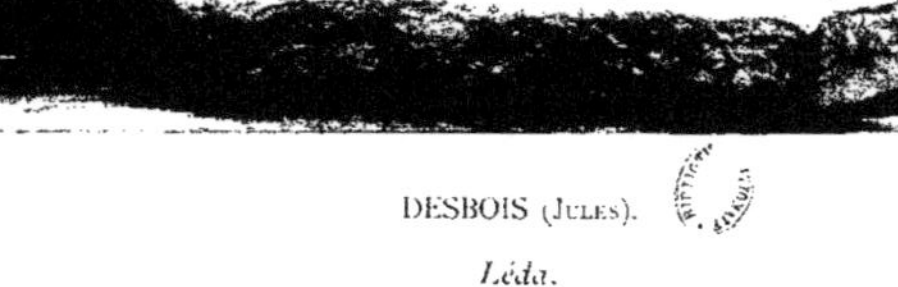

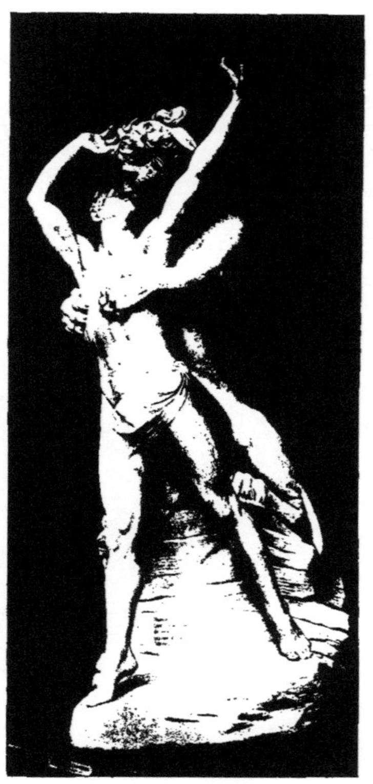

CHRISTOPHE (Ernest).

Le Baiser suprême.

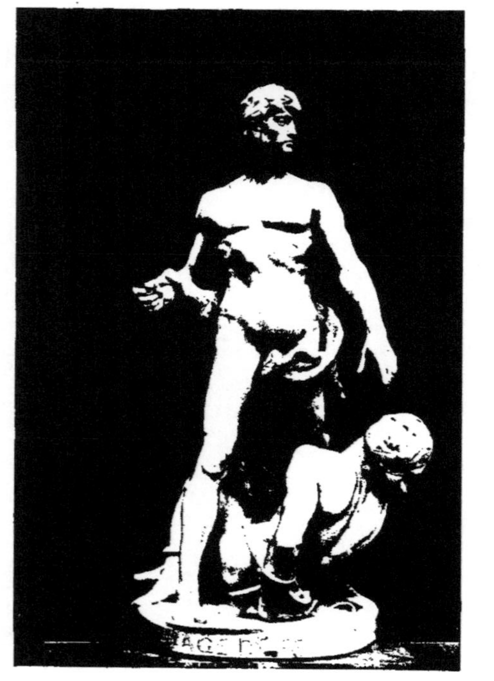

LANSON (ALFRED).

L'Age de fer.

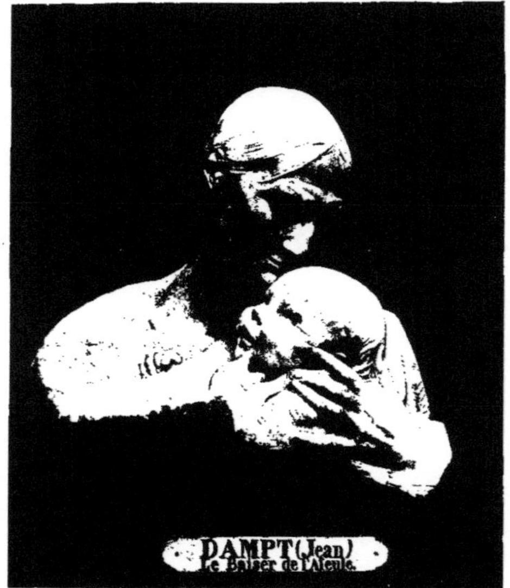

DAMPT (JEAN).

Le Baiser de l'Aïeule.

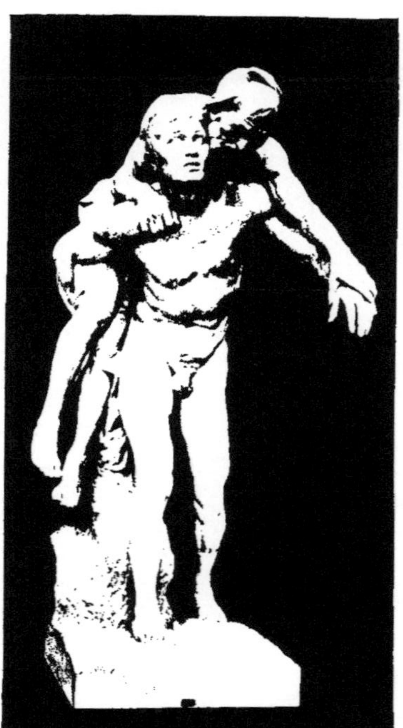

TURCAN (JEAN).

L'Aveugle et le Paralytique.

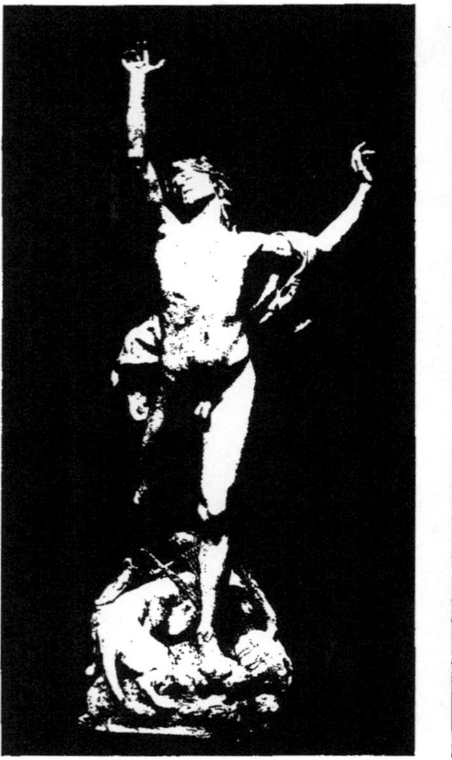

NOEL (Tony).

Plaintes d'Orphée.

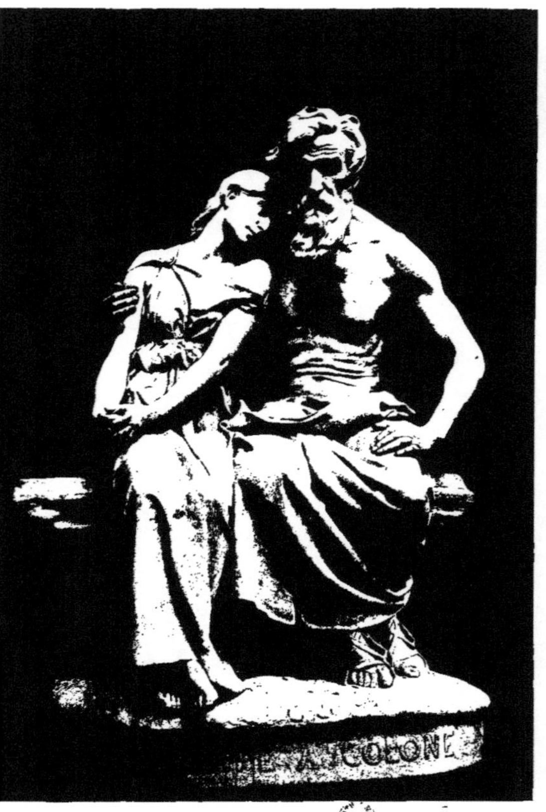

HUGUES (Jean).

Œdipe à Colone.

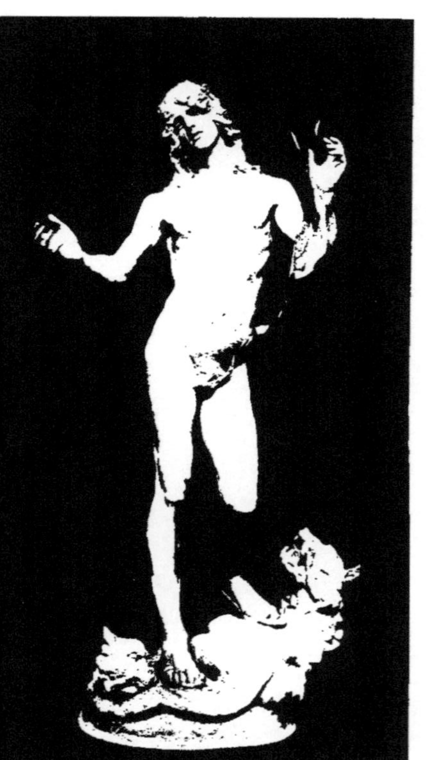

VERLET (Raoul).

La Douleur d'Orphée.

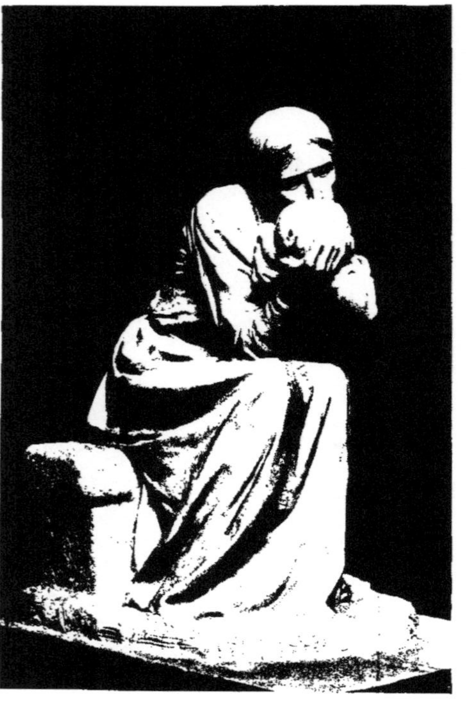

ROGER-BLOCHE.

L'Enfant.

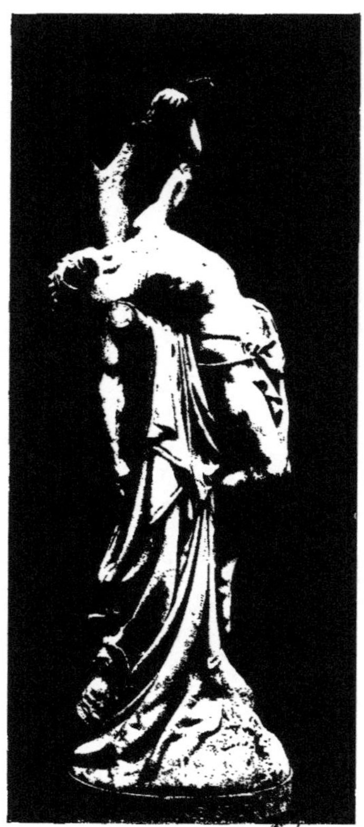

BECQUET (Just).

Saint Sébastien.

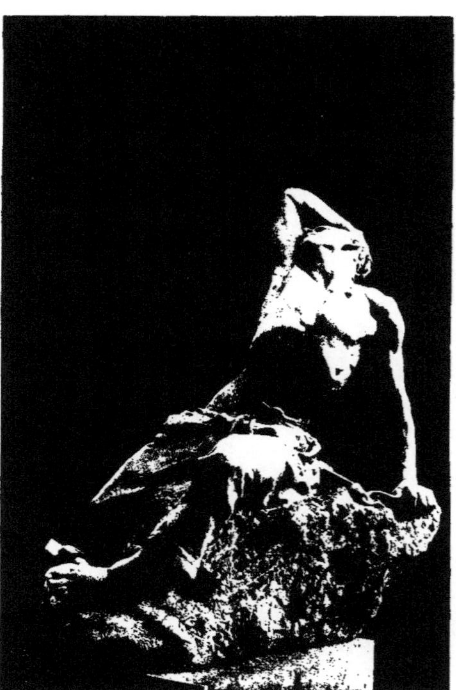

GRÈBER (Henri).

Le Grison.

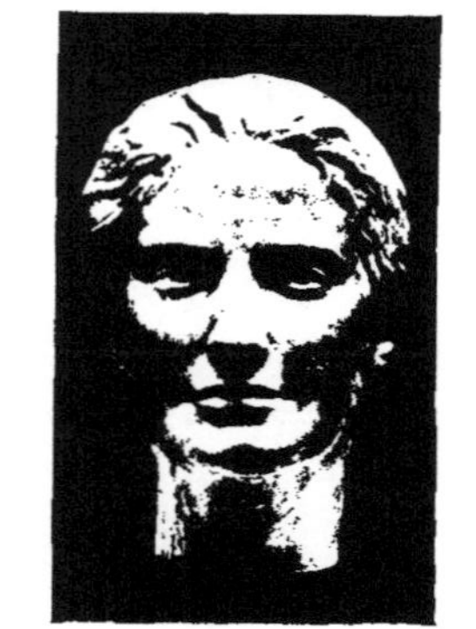

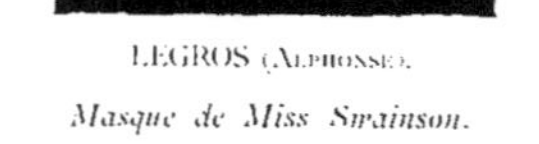

LEGROS (Alphonse).
Masque de Miss Swainson.

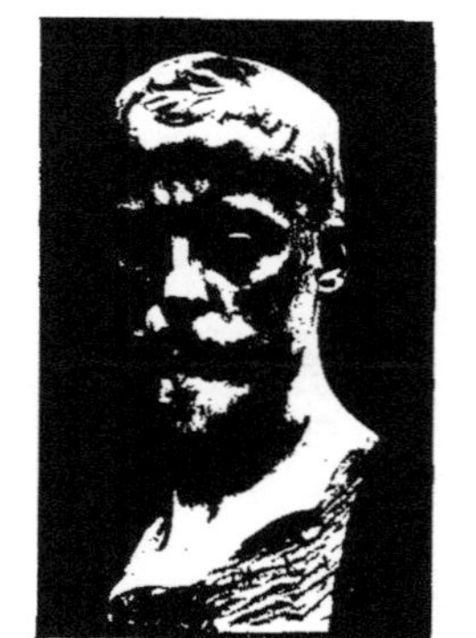

BLOCH (Armand).
Buste de M. A. Lunois.

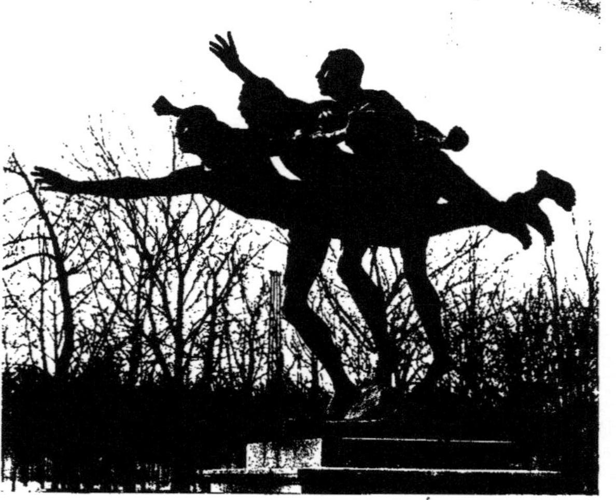

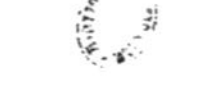

BOUCHER (Alfred).
Au But.

GAUTHERIN (Jean).
Buste de Madame Gautherin.

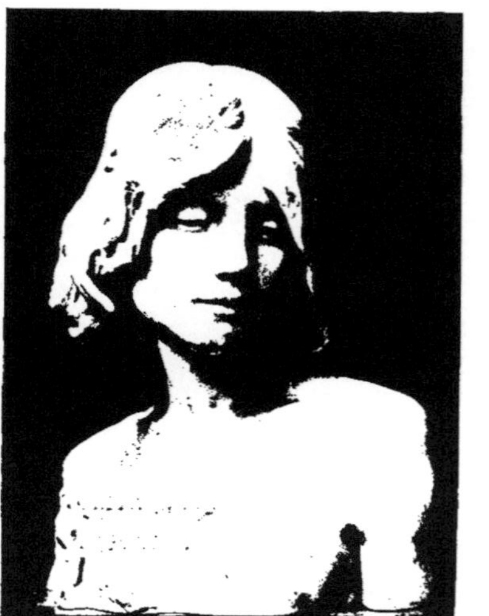

LENOIR (Alfred).
Saint Jean (buste).

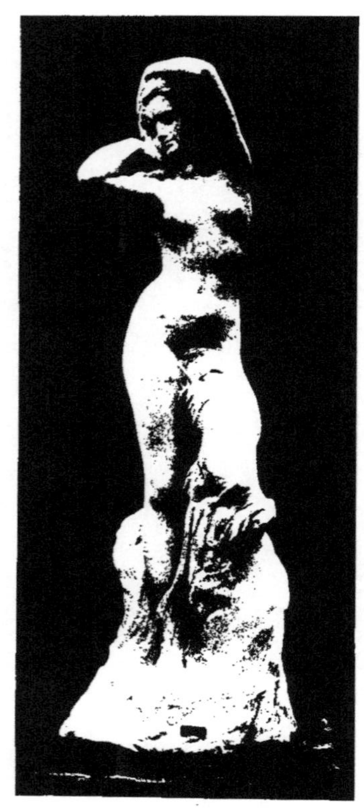

MICHEL (Gustave).

Dans le Rêve.

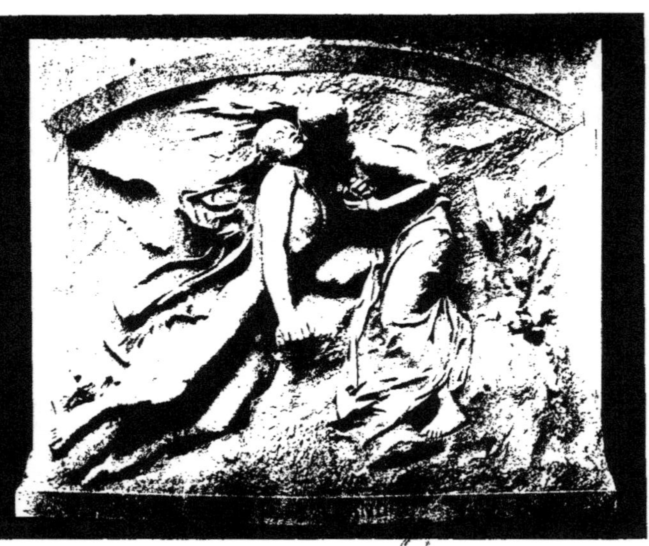

GASQ (Paul).

Héro et Léandre.

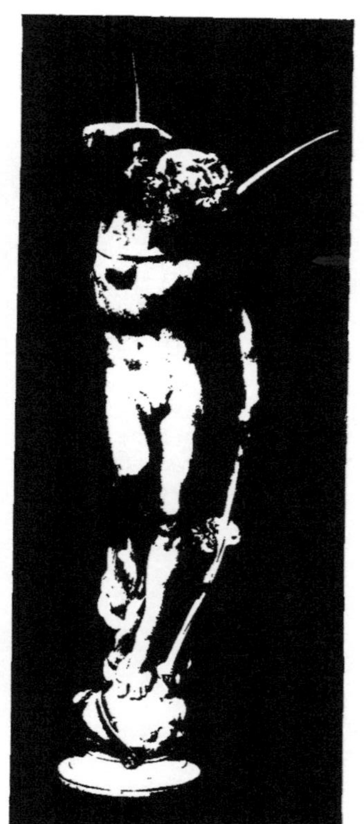

COUTAN (Jules).

Éros.

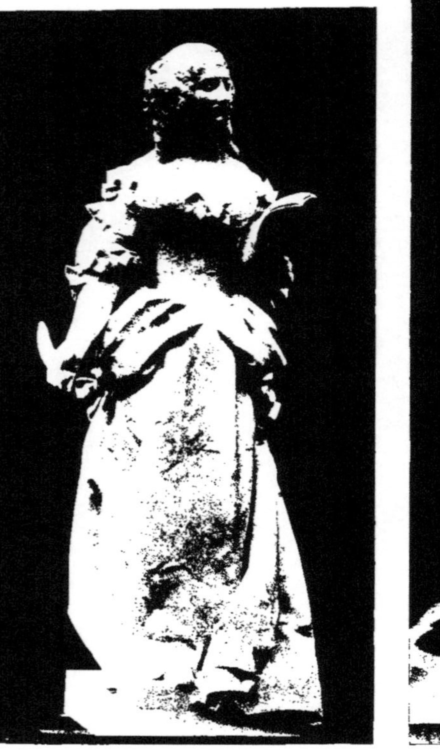

MASSOULLE (Arthur).

Madame de Sévigné.

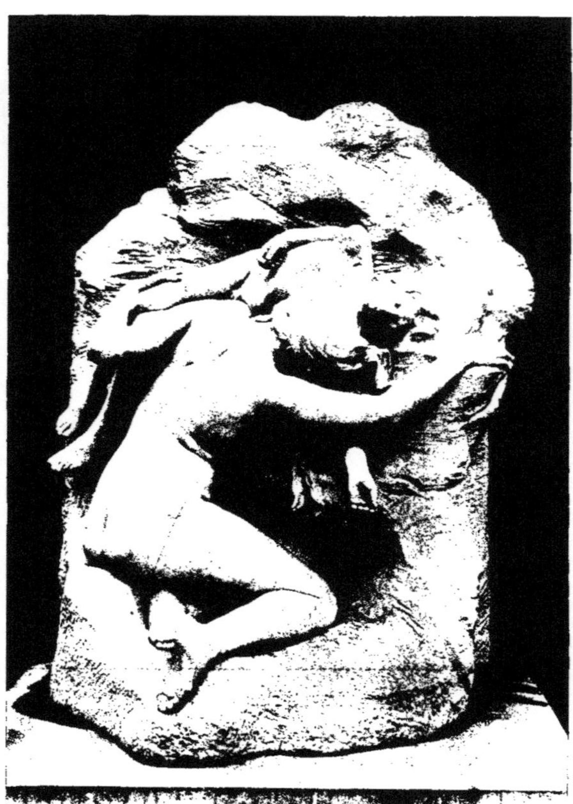

SICARD (François).

Agar.

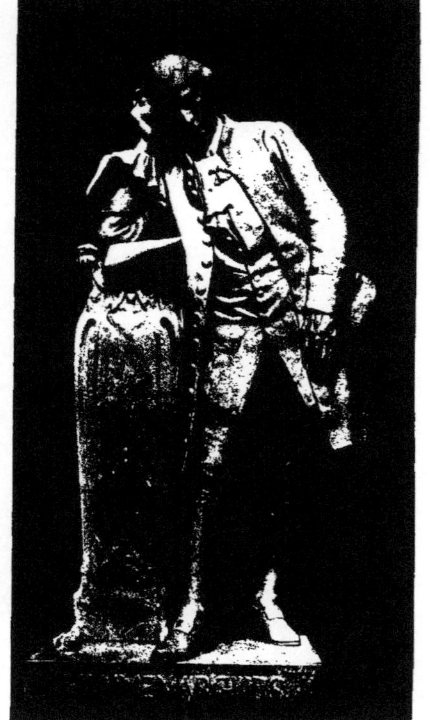

DAILLION (Horace).

Vauvenargues.

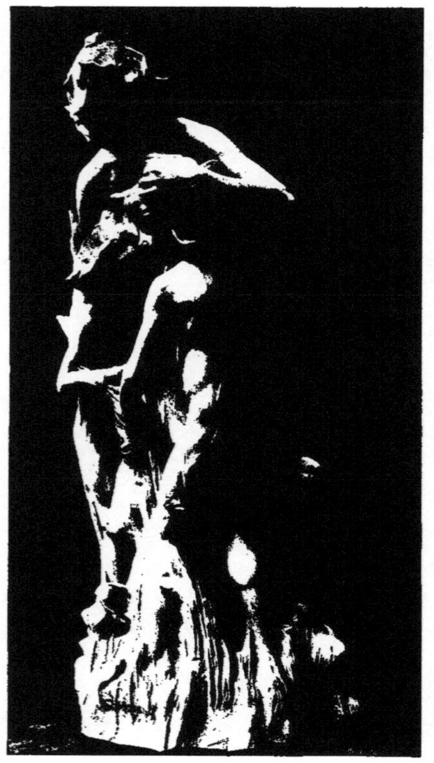

LARCHE (Raoul).

Les Violettes.

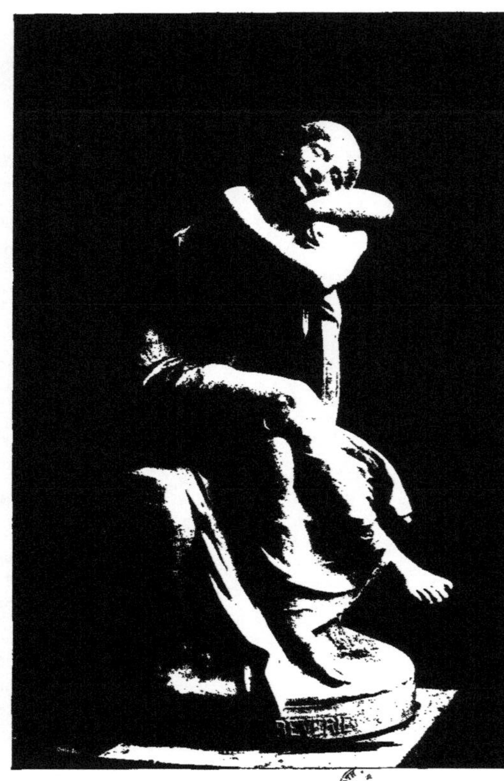

PÊTER (Victor).

Rêverie.

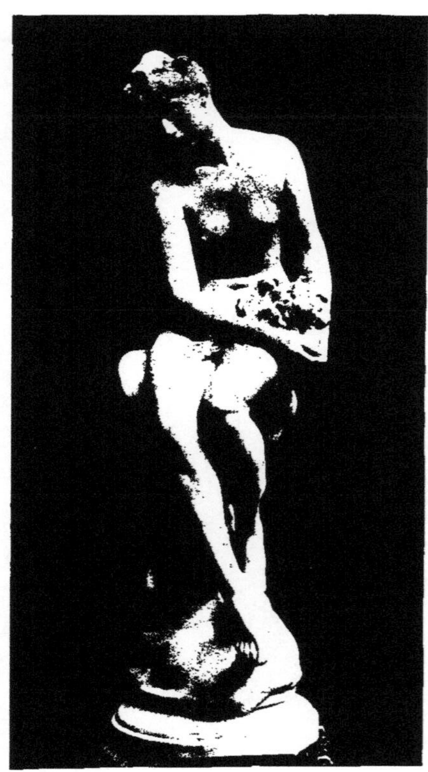

HANNAUX (Emmanuel).

Fleur de Sommeil.

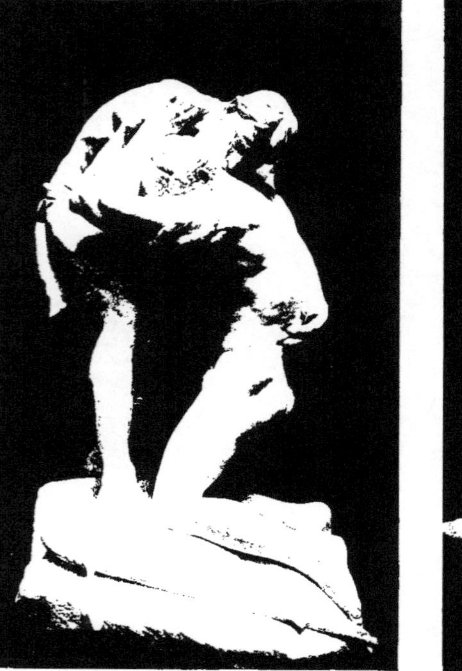

DUBOIS (Ernest).

Le Pardon.

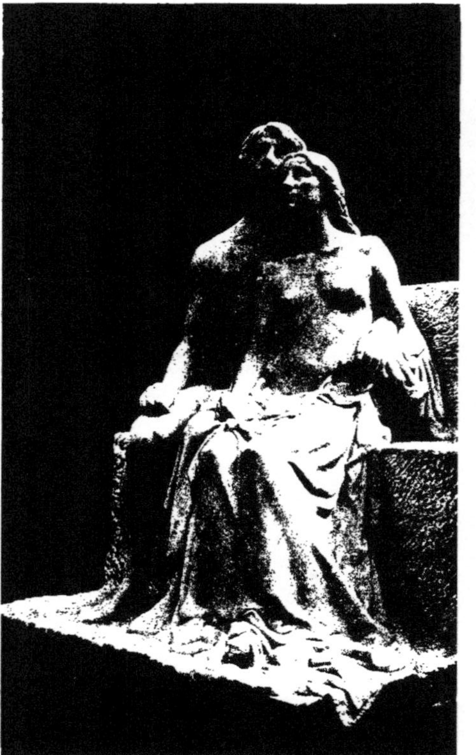

BOUCHER (Jean).

Un Soir.

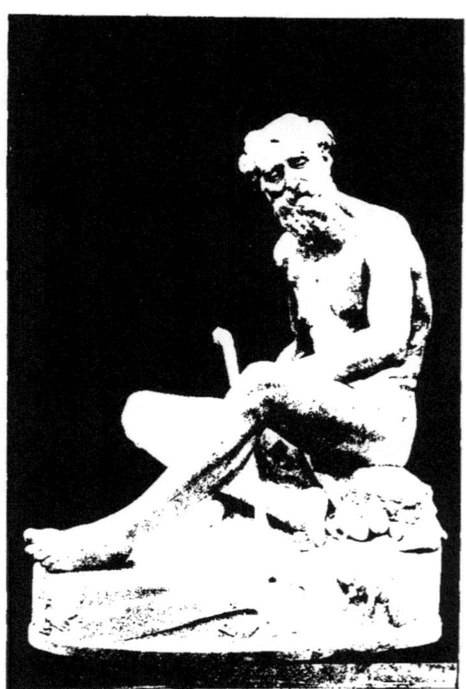

BOISSEAU (Émile).

Diogène.

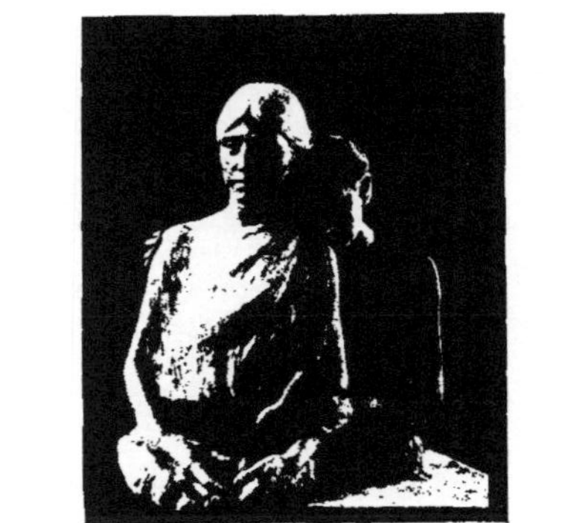
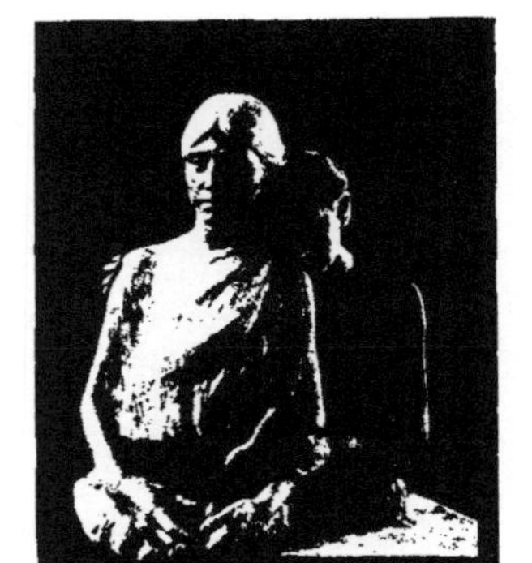

CAZIN (Mme MARIE).

Jeunes Filles.

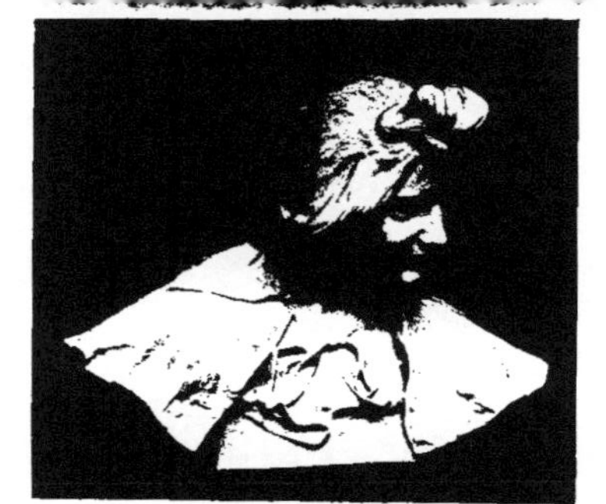

MASSEAU (FIX).

Buste de Jeune Femme.

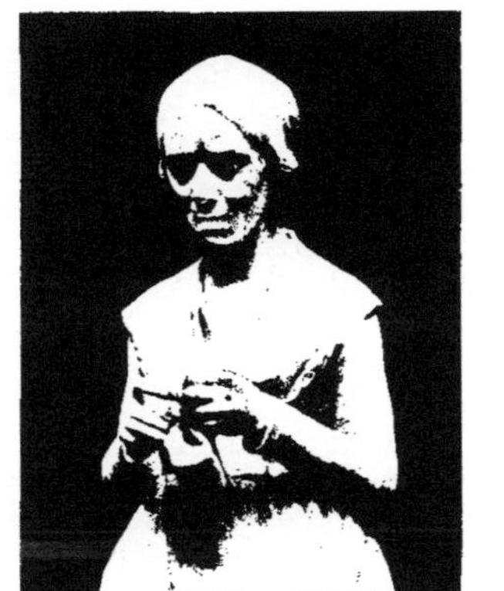

BAFFIER (JEAN).

La Jeannette.

CARRIÈS (JOSEPH).

Tête de Charles Ier.

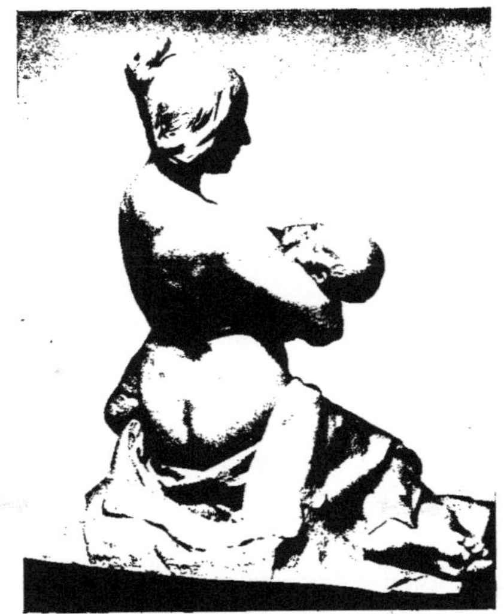

LEFÈVRE (CAMILLE).

Bonheur.

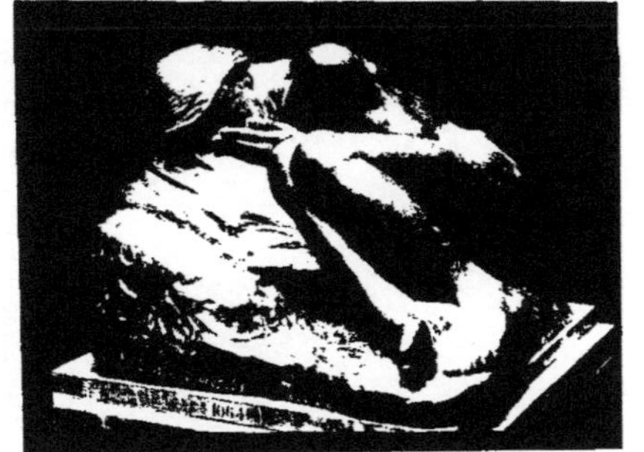

BARTHOLOMÉ (ALBERT).

Petite Fille pleurant.

www.ingramcontent.com/pod-product-compliance
Ingram Content Group UK Ltd.
Pitfield, Milton Keynes, MK11 3LW, UK
UKHW022105170726
13837UKWH00003B/1076